AF628090

Redt er Bairisch oder is er a Breiß?

Johann Rottmeir

Redt er Bairisch oder is er a Breiß?

Weiß-blaue Sprachverwandtschaften

Volk Verlag München

MIX
Papier | Fördert gute Waldnutzung
FSC® C014889

Coverillustration: Dirk Eckert, Herrsching | www.quodplacet.de

Die Deutsche Bibliothek verzeichnet diese Publikation in der Deutschen Nationalbibliografie; detaillierte bibliografische Daten sind im Internet über https://portal.dnb.de/ abrufbar.

2023 Volk Verlag München
Neumarkter Straße 23; 81673 München
Tel.: 089 / 420 79 69 80; Fax: 089 / 420 79 69 86

Druck: Pustet, Regensburg
Alle Rechte, einschließlich derjenigen des auszugsweisen Abdrucks sowie der photomechanischen Wiedergabe, vorbehalten.

ISBN 978-3-86222-444-9
www.volkverlag.de

Inhalt

Vorwort

Schon während meiner Zeit als Schüler am Gymnasium in den 1960er Jahren habe ich mich mit der Sprache beschäftigt, die bei uns in Altbayern gesprochen wird. Ich konnte mir damals zwar noch nicht vorstellen, dass mein Dialekt jemals in seiner Existenz gefährdet sein könnte, war aber bereits intuitiv überzeugt, dass es sich hier um etwas Besonderes handelte, das man pflegen und mit dem man sich auseinandersetzen muss.

Ganz intensiv habe ich mich nach meiner Pensionierung mit dem bairischen Dialekt befasst. Inzwischen war klar geworden, dass das Bairische Jahr für Jahr an Boden und „Muttersprachlern" verliert und immer weiter hinter das Schriftdeutsche zurückgedrängt wird. Ich habe deshalb als Erstes zwei Bücher über bairische Sprüche und Redewendungen geschrieben – quasi eine kulturhistorische Rettungsaktion, weil viele davon bereits in Vergessenheit geraten waren. Diese Bücher heißen „A Hund bist fei scho" und „Jetz gherst da Katz!" und kommen zusammen auf knapp 2.000 spruchreife Lebensweisheiten in Mundart. Außerdem habe ich mich dem bairischen Sprachschatz meiner Eltern, ja überhaupt meiner Vorfahren gewidmet und viele der heute selten gewordenen, allein oder hauptsächlich im Bairischen vorkommenden Wörter in dem Buch „Bazi, Blunzn, Breznsoizer" veröffentlicht.

Bei genauerer Betrachtung dieses bairischen Wortschatzes stellte ich sehr bald fest, dass die Wurzeln der einzelnen Begriffe oft in anderen Sprachen liegen. Und man fragt sich, woher unser bairischer Dialekt eigentlich kommt.

In dem hier vorliegenden Buch will ich deshalb der Frage nachgehen, wer einst das heutige Altbayern bewohnt hat, wie man dort früher gesprochen hat und welche Relikte aus Kontakten der hier beheimateten Bevölkerung mit anderen Völkern und Kulturen man heute noch im bairischen Dialekt finden kann. Lateinische Ausdrücke, die die Römer vor mehr als 1.500 Jahren nach Bayern mitgebracht haben, werden in meiner Untersuchung eine große Rolle spielen, aber auch hebräische, jiddische, slawische, italienische und griechische Einflüsse haben das Bairische geformt. Zahlreiche bairische Wörter sind dazu französischen Ursprungs. Sie gehen auf gleich mehrere Epochen der jüngeren Vergangenheit zurück, in denen die Bayern und Franzosen ein freundschaftliches Verhältnis pflegten. Alle diese fremdsprachlichen Einflüsse haben eines gemeinsam: In die bairische Sprache wurden sie nur in Form einzelner Wörter übernommen.

Im Kontrast dazu steht der Einfluss der schriftdeutsch sprechenden Nichtbayern, die wir gerne „Breißn“ (Preußen) nennen, mit dem ich mich abschließend ausführlich befassen will. Dieser Einfluss geht weit über die Übernahme einzelner Wörter in das Bairische hinaus. Ich werde deshalb die Unterschiede zwischen der deutschen Standardsprache und dem bairischen Dialekt ebenso umfassend beleuchten wie die unterschiedlichen Sprechgewohnheiten der Baiern und der Preußen.

Garniert werden meine Ausführungen mit lustigen Geschichten und Anekdoten, um der Leserschaft nicht nur Informationen, sondern auch ein unterhaltsames Lesevergnügen zu bieten. Animiert haben mich dazu die Reaktionen der Besucher meiner Lesungen, bei denen ich von Anfang an die Präsentation von Wissen mit viel Humor verbunden habe. Auf den kommenden Buchseiten werden auch mehrere bayerische Kabarettisten zu Wort kommen. Sie sind der aktuelle Beweis dafür, dass die Volkssänger- und Kabarettkultur auch nach Karl Valentin und Liesl Karlstadt, dem Weiß Ferdl, der Ida Schuhmacher, dem Roider Jackl und dem immer noch präsenten Gerhard Polt gerade mit und durch die Mundart äußerst lebendig geblieben ist und immer wieder neue Vordenker und Humoristen hervorbringt.

Josef Hofmiller (+1933), der leider in Vergessenheit geratene große bayerische Essayist, schreibt:

> *„In der Sprache barfuß gehen“ nennt man heute in seiner ansprechenden bildhaften Formulierung das Schreiben, Lesen und Vortragen in der Mundart. Und wie in der Medizin Barfußgehen wieder modern geworden ist, weil man seine Vorteile für die leibliche Gesundheit erkannt*

hat, so ist auch die Mundart in den letzten Jahren wieder unverhofft zu Ansehen gekommen, nützt sie doch ebenfalls der Gesundheit, wenn auch „nur“ der seelischen.

Ich wünsche Ihnen, liebe Leserin und lieber Leser, viel Spaß beim Spaziergang durch die bairische Sprache mit all ihren faszinierenden, mal amüsanten, mal überraschenden Verbindungen zu den Römern und Römerinnen, den Juden und Jüdinnen, den Hebräern und Hebräerinnen, den Slawen und Slawinnen, den Griechen und Griechinnen, den Franzosen und Französinnen sowie den Preußen und Preußinnen.[1] Möge er nach dem Motto „Lachen ist gesund“ einen nicht unwesentlichen Beitrag zu Ihrem Wohlbefinden leisten.

Johann Rottmeir, im Sommer 2023

Postskriptum: Sie werden sich vielleicht wundern, dass die „Baiern“ dieses Buches nicht mit „y“ geschrieben werden. Das liegt daran, dass zum Freistaat Bayern (mit „y“!) auch Franken und Schwaben gehören, ich mich hier aber nur mit den bairisch (mit „i“!) sprechenden Altbayern in den Regierungsbezirken Ober- und Niederbayern und Oberpfalz befasse. Das soll niemanden ausschließen, sondern zeigt das sprachliche Revier an, in dem ich mich seit meiner Kindheit auskenne und über das ich mit entsprechender Kompetenz gern schreibe. Ich verwende daher auch das Substantiv „Baiern“ (mit „i“!) als Synonym für die Altbayern und deren Bezirke. Ausführlicheres hierzu finden Sie im Kapitel „Spickzettel“ unter „Baiern : Bayern : Altbayern“.

[1] Dieses Beispiel für das „Gendern“, das Aufblähen der Texte durch Erwähnung sowohl der männlichen als auch der weiblichen Form, zeigt, dass es häufig keinen Mehrwert bringt und lediglich das Lesen erschwert.

Spickzettel

Die drei verschiedenen „a" im Bairischen

Soweit dieses Buch Wörter in bairischer Sprache enthält, ist zu beachten, dass es im Bairischen drei verschiedene Ausprägungen des Vokals „a" gibt:

a = volles, offenes „a"
Wie bei **Banzn** (Bierfass) oder **Kadoffe** (Kartoffel).

à = helles, breites „a"
Wie bei **kàffà** (kaufen), **Bààm** (Baum) oder – im Schriftdeutschen – „Aktion" oder „oval".

å = dunkles, tief im Rachen angesetztes „a"
Ein Laut zwischen „a" und „o". In der Regel ist das **å** ein lang gesprochener Laut, wie bei **båån** (baden) oder **fåhn** (fahren), ohne dass dies zwingend extra durch die Doppelung des Vokals angezeigt wird. Im Schriftdeutschen gibt es diese Form (**å**) nicht, allenfalls eine ähnlich klingende Variante des „o", wie z. Bsp. in „Ordnung", „Orgel" oder „Ort".

Wie oben dargestellt, habe ich zur Unterscheidung das helle „a" mit einem Akzent versehen (**à**), dem dunklen „a" habe ich ein kleines „o" aufgesetzt, das auf die Nähe zum „o" hinweisen soll (**å**). So können auch Leser mit „breißischem" Migrationshintergrund problemlos die bairischen Texte laut vorlesen, ohne dass darüber zu sehr gelacht wird.

Betonung

Soweit es erforderlich schien, sind betonte Vokale durch Unterstreichen gekennzeichnet.

Dehnungen

Lang, also gedehnt gesprochene Vokale werden durch Doppelung des entsprechenden Vokals dargestellt: **schee** (schön), **Brootz** (Kröte).

Bindelaute

Stoßen bei zwei aufeinander folgenden Wörtern an Ende und Anfang zwei Vokale aufeinander, dann geht dies dem Sprecher meist nicht leicht von der Zunge: Die Häufung der Vokale stört. Deshalb wird im Bairischen dem Sprachfluss zuliebe häufig ein Konsonant als Bindelaut dazwischen geschoben:

Gib eàm à-r-à Brot. (Gib ihm auch ein Brot.)
Oder:
à-n oids Leit (eine alte Person)

Assimilierungen

Auch zwei aneinander stoßende Konsonanten, die als Lautfolge nicht so recht miteinander harmonieren wollen, können zur Erleichterung der Aussprache durch Assimilation angepasst werden: „Die Fanni", auf Bairisch eigentlich „d'Fanni", wird zu: **b'Fanni**. Das kann manchmal dazu führen, dass der bestimmte Artikel ganz verloren geht; „die Klupperl", bairisch eigentlich „d'Kluppàl", wird zu: **'Kluppàl**.

Weitere Wortkürzungen, auf die meistens Assimilierungen folgen, gibt es bei den Endsilben „-ben", „-den" und „-gen". Im Interesse der größtmöglichen Nähe zum bairischen Dialekt werden auch diese Wörter so geschrieben, wie man sie ausspricht, zum Beispiel:

bleiben – **bleim**
werden – **wern**
wiegen – **wiàng**
Augen – **Aung**

Feines, städtisches vs. derbes, bäuerliches Bairisch

In den Städten wurde schon immer ein anderes Bairisch gesprochen als auf dem Land. Der Dialekt der Städter ist stärker an die deutsche Standardsprache angelehnt, die gesamte Ausdrucksweise kann guten Gewissens als vornehmer charakterisiert werden, jedenfalls weniger derb als im bäuerlichen Bairisch der Landbevölkerung. Diese sprach ein, aus heutiger Sicht, oft grobes, vulgäres Bairisch, damit aber auch einen urtümlicheren, facettenreicheren, ja überhaupt sprachlich reicheren Dialekt als die Stadtbewohner. Uralte bairische Wörter, die man heute auf dem Land noch hören kann, sind in der Stadt schon längst ausgestorben.

Ich bin auf dem Land aufgewachsen und habe hier das ursprüngliche, bäuerliche Bairisch meiner Eltern aufgeschrieben, wie es im Landkreis Freising vor 100 Jahren gesprochen wurde. In dem ein oder anderen Fall kann daher die Aussprache und die im Buch präsentierte Schreibweise von gängigen bairischen Wörterbüchern abweichen, die sehr häufig den Dialekt des bayerischen Oberlands oder den Münchner Dialekt dokumentiert haben.

Josef Hofmiller hat über den bairischen Dialekt folgendes geschrieben: „Altbayrisch ist fein. Fein sogar noch in seiner humoristischen Derbheit.“ Ich möchte dazu doch ein Fragezeichen anbringen, wie es auch Herbert Schneider getan hat:

Bairisch ist fein, hat da Josef Hofmiller gsagt.
Er hat wahrscheinle an Huaba Lucki net kennt.
Bairisch ist geschert, hat d Frau Neureich gmoant.
Sie wiederum kennt bestimmt an Hofmiller net.

Baiern : Bayern : Altbayern

Das Land Bayern wurde früher meistens mit „i“ geschrieben, also Baiern; „meistens“, weil wir hier von einer Zeit lange vor der Einführung des Duden sprechen, in der es um die Einheitlichkeit der deutschen Schreibe noch nicht rundum gut bestellt war. Erst König Ludwig I., ein Freund der antiken Griechen und der griechischen Kultur, ersetzte im Jahr 1825 offiziell das „i“ durch das im hellenischen Raum häufig verwendete Ypsilon.

Bayern besteht heute aus sieben Regierungsbezirken: drei altbayerischen, drei fränkischen und einem schwäbischen.

Mit dem Begriff Altbayern sind geografisch die Regierungsbezirke Ober- und Niederbayern zusammen mit der Oberpfalz gemeint. Die gleiche Bezeichnung trägt die seit Jahrhunderten dort lebende Bevölkerung. Von diesen Altbayern und auch von den benachbarten Österreichern bis hinunter nach Südtirol wurde und wird Bairisch gesprochen.

Das Adjektiv bayerisch (oder bayrisch) bezeichnet alles, was das gesamte politische Land Bayern betrifft, also einschließlich Franken und Schwaben. Da es keinen einheitlichen bayerischen Dialekt gibt, den alle Dialektsprecher in ganz Bayern sprechen, hat die Linguistik für den Dialekt der Altbayern am Begriff Bairisch (mit „i"!), also an der früheren Schreibweise, festgehalten. Dies ist sinnvoll, weil im früheren Baiern (mit „i"!) – nicht lange vor König Ludwig I. – ausschließlich Bairisch gesprochen wurde: Die Franken und Schwaben gehörten damals noch nicht zum Lande Baiern. Analog dazu ist es üblich, auch als Synonym für das Gebiet Altbayern und für die hier lebende, Bairisch sprechende Bevölkerung das Substantiv Baiern und ggf. das Adjektiv bairisch (jeweils mit „i"!) zu verwenden.

Wenn also in diesem Buch von den Baiern die Rede ist, so sind damit die Altbayern in Oberbayern, Niederbayern und der Oberpfalz gemeint. Hier wird Bairisch gesprochen. Wird dagegen die Bezeichnung Bayern verwendet, so gehören neben den Altbayern auch die Franken und Schwaben dazu.

Spricht man von den bayerischen (mit „y"!) Sprachen und Dialekten, so sind damit alle Varianten gemeint, die im heutigen Bayern zu finden sind: das Fränkische, das Schwäbische und das Bairische der Altbayern samt all ihrer regionalen Ausformungen. „Mundart" ist übrigens ein Synonym für „Dialekt", bedeutet also dasselbe.

Hochdeutsch, Schriftdeutsch oder Standarddeutsch?

Für die deutsche Einheitssprache sind drei verschiedene Bezeichnungen gebräuchlich: „Standarddeutsch", „Schriftdeutsch" und „Hochdeutsch“. Ich verwende alle drei Begriffe bewusst als Synonyme, obwohl gelegentlich behauptet wird, dass Bairisch ein hochdeutscher Dialekt und deshalb „Hochdeutsch“ sei. Im Kapitel „Bairisch und Schriftdeutsch – verwandt und trotzdem sehr verschieden“ ist eine ausführliche Begründung hierfür enthalten.

Bairisch: Sprache oder Dialekt?

Ähnlich verhält es sich mit der Frage, ob Bairisch eine Sprache oder ein Dialekt ist. Ich bin der Meinung, dass beides zutrifft. Deshalb verwende ich diese zwei Begriffe ebenfalls synonym (vgl. Kapitel „Bairisch – eine eigenständige Sprache?“).

Preußen oder Breißn?

„Die Preußen“ sind auf Bairisch **de Breißn**. Dieser Ausdruck wird oft wertneutral und manchmal scherzhaft gebraucht, kann aber auch einen negativen, abwertenden Beigeschmack haben. Wenn der Baier gar vom **Saubreißn** spricht, hat er automatisch den unbeliebten besserwisserischen Preußen vor seinem geistigen Auge. Selbstverständlich gibt es auch angenehme, freundliche und rücksichtsvolle Preußen – genauso wie es angenehme und unangenehme bairische wie bayerische Zeitgenossen gibt.

Es würde naheliegen, in diesem Buch, das sich vorrangig mit dem bairischen Dialekt beschäftigt, statt „Preußen“ generell **Breißn** zu schreiben. Ich verwende aber diesen Dialektausdruck mit Blick auf seine variable Bedeutung nur in Zusammenhängen, die tatsächlich negativ konnotiert sind. In der Regel benutze ich das neutrale schriftdeutsche „Preußen“, manchmal auch „Norddeutsche“ oder andere neutrale Synonyme und Umschreibungen.

Für den Begriff „Preußen“ gibt es in Bayern unterschiedliche, subjektive Definitionen (vgl. Kapitel „Baiern und Preußen – wie Feuer und Wasser“). Unter sprachlichen Aspekten versteht der Bayer darunter alle Schriftdeutsch sprechenden Bewohner Deutschlands, die nördlich der Mainlinie und deren gedachter Verlängerung nach Westen und Osten zuhause sind.

Mein Dialekt – mein Bairisch

Dort, wo ich kurz nach dem Zweiten Weltkrieg geboren und aufgewachsen bin, wurde fast ausschließlich der bairische Dialekt gesprochen. Diese Gegend nannte man später den „Speckgürtel“ von München, weil dort die Wirtschaft florierte, weil es viel Arbeit und damit auch Arbeitsplätze gab und weil die Menschen ein gutes Ein- und Auskommen hatten. Petershausen heißt der Ort, seit 1970 Endstation der S-Bahnlinie 2.

Meine ersten Lebensjahre waren nicht vom „Speck“ geprägt, sondern vom Mangel. Zur Illustration der damaligen finanziellen Situation in den Familien hier zwei Geschichten vom Weiß Ferdl. Beide treten den Beweis an, dass **à Màgl** (eine Mark) einst viel Geld war. Immerhin bekam man im Wirtshaus für **à Màgl** noch eine ganze Mass Bier oder für fünf Tage Hundefutter.

Der Maxl kommt in die Metzgerei. „**Wås derf's denn sei, Maxl?**“ – „**Um 20 Pfenning à Hundsfuàtter. Und d'Muàtter håt gsagt, Sie soin mir 80 Pfenning rausgem. Der Vatter bringt dann am Samstag 's Màgl.**“ (Um 20 Pfennig Hundefutter. Und die Mutter hat gesagt, Sie sollen mir 80 Pfennig herausgeben. Der Vater bringt dann am Samstag die Mark.)
Eine Woche später kommt der Maxl wieder in die Metzgerei und verlangt wieder für 20 Pfennig Hundefutter, diesmal aber mit dem Zusatz: „**Aber net wieder so fett wià 's letzte Moi, håt d'Muàtter gsagt. Net, dass der Vatta wieder speim muàß.**“ (Aber nicht wieder so fett wie das letzte Mal, hat die Mutter gesagt. Nicht, dass sich der Vater wieder übergeben muss.)

Der Doll Franzl kommt zu spät in die Schule und erzählt als Ausrede Folgendes: „**Auf der Strass is einem Herrn ein Màgl runtergfalln. Ich hab dem Herrn**

> **suchen helfen, dann sind noch so viel Leut dazugekommen, die habn alle mitgsucht und dann hab ich nicht mehr rauskönnen!**“
> Der Herr Lehrer glaubt die Geschichte nicht recht: „Hättest du da nicht sagen können: ‚Bitte lassen Sie mich hinaus, ich muss in die Schule?‘ Das hättest du doch können, nicht?“ – „**Nàà, Herr Lehrer, des is net gangà, weil i auf dem Màgl drobn gstandn bin.**“ (Nein, Herr Lehrer, das ging nicht, weil ich auf dem Markstück oben drauf gestanden bin.)

Das Ortsbild von Petershausen war in der Nachkriegszeit geprägt von vielen Bauernhöfen. Die S-Bahn gab es noch nicht, aber die Eisenbahn. Diese brachte viele Petershausener Bürger – vor allem Männer – täglich in die großen Fabriken, insbesondere zu Krauss-Maffei nach München-Allach und zu MAN nach Karlsfeld. Abends führte der Weg oft nicht direkt nach Hause, sondern zunächst in die „Bahnhofsrestauration“ (Wirtshaus). Dort gab es immer eine Halbe Bier (oder auch mehr), vor allem aber eine gute Unterhaltung. Natürlich auf Bairisch.

Das Bairisch, das damals gesprochen wurde, war noch – wie zur Jugendzeit meiner Eltern – teils sehr derb, oft schon recht deftig. Im Laufe der Jahrzehnte verlor die Ausdrucksweise an Rustikalität – zunächst unbemerkt in kleinen Schritten, aber am Ende doch spürbar. Ein Grund dafür war sicher die Nähe zur Landeshauptstadt München zusammen mit den Kontakten der dörflichen Bevölkerung zu den Städtern, sei es am Arbeitsplatz oder auch beim Einkaufen in der Stadt.

Dramatisch wurde es von den 1960er Jahren an. In Deutschland ging es wirtschaftlich steil bergauf. Und die Wirtschaft brauchte Arbeitskräfte. Die wurden angeworben. Von außerhalb Bayerns. Die ersten ausländischen Gastarbeiter kamen aus Italien. Die meisten aber stammten von nördlich der Mainlinie, sehr viele aus Nordrhein-Westfalen, aber auch aus Berlin, Niedersachsen, Schleswig-Holstein usw. Und sie brachten aus ihrer Heimat, dem preußischen Staatsgebiet, nicht nur ihre Arbeitskraft und ihre Familien mit, nein, natürlich auch ihre Sprache, das sogenannte „Hochdeutsche“. Man kategorisierte sie alle einheitlich **Breißn**. Bei manchen „Einheimischen" führte diese Situation dazu, dass sie sich ihrer Sprache, ihres bairischen Dialekts schämten, weil die Neubürger sie oft nicht verstanden. Und statt von den Neuen zu verlangen, dass sie sich hier auch sprachlich integrierten, bemühten sich die Baiern, mit den Neuen schriftdeutsch zu kommunizieren. Dabei taten Rundfunk und Fernsehen ein Übriges, nicht zu vergessen die Lehrer und Erzieher, die es als ihre Aufgabe ansahen, den bayerischen Kindern ihren Dialekt auszutreiben.

Glücklicherweise traf das nicht auf alle Lehrer zu. Als bei uns einmal der Schulrat eine Visitation machte, geschah Folgendes:

> Der Schulrat betrat das Klassenzimmer und sah an der Wand Bilder von Tieren hängen. Er deutete auf ein Bild mit einem Kalb und fragte den Hansi: „Na, was ist das für ein Tier?" – „**À Kaiwe.**" Der Schulrat war unzufrieden, er hätte gerne „Ein Kalb" gehört, und fragte andere Schüler, aber einer nach dem anderen sagte: „**À Kaiwe.**" Der Schulrat schüttelte den Kopf.
> Es wurde schon ein bisschen peinlich, da beugte sich unser Klassenlehrer zum Schulrat vor und flüsterte: „**Herr Schulrat, des is fei wirklich à Kaiwe!**"

Besonders „erfolgreich" bei der Verbreitung der „breißischen" Sprache unter dem bairischen Nachwuchs waren die Kindergärten. Hier gewannen sehr bald die Kinder der norddeutschen Neubürger die Oberhand, wenn nicht gar die zahlenmäßige Überlegenheit. Die Folge: Kinder, die vor dem Eintritt in den Kindergarten noch Dialektsprecher waren, legten die Mundart ziemlich schnell ab und „breißelten" wie die Sprösslinge der Zugezogenen. Dazu nahmen immer mehr Eltern die Behauptung, der Dialekt würde ihre Kinder im späteren Berufsleben benachteiligen, sehr ernst. Sie fingen an, auch zuhause in der Familie Standarddeutsch zu sprechen – obwohl sie es selber gar nicht richtig konnten. So hörte man fürchterlich verballhornte Sätze wie:

> „Dominik, **ziegst** du bitte deine **Gummelstiefel** an!"

Für „anziehen“ sagt der Baier **oziàng**. Der Rückschluss des „breißelnd“-verwirrten Mundartsprechers, dass dieses Wort im Standarddeutschen „anziegen“ heißt, ist unzutreffend (auch wenn das bairische **liàng** schriftdeutsch zu „lügen“ oder **biàng** zu „biegen“ wird). Das „Gummel“ der schriftdeutschen „Gummistiefel“ gibt es nicht einmal in der tiefsten Oberpfalz.

Anderes Beispiel:

„Setz dich nicht ins Gras, es ist noch **feicht**!“

Wenn schon Schriftdeutsch, dann bitte durchgehend: „feucht“ und nicht **feicht**.

Oder als Antwort auf die Frage nach dem Weg:

„Da vorne bei der **Schieße** müssen Sie links abbiegen.“

Die **Schiàßn** ist das bairische Wort für die Giebelseite eines Hauses. Man kann dieses Wort nicht 1:1 ins Standarddeutsche übertragen, so sehr sich „breißelnde“ Dialektsprecher auch manchmal Mühe geben.

Die negative Bewertung des eigenen Dialekts dauerte bis in das erste Jahrzehnt des 21. Jahrhunderts an. Dann kam, was kommen musste: Immer, wenn ein Pendel sehr stark ausgeschlagen hat, folgt eine Gegenbewegung. Und so wuchs innerhalb weniger Jahre das Bewusstsein, dass wir Baiern einen sehr schönen Dialekt haben, der zu uns und unserer Heimat gehört wie das Bier und die **Weißwürscht**, ja, dass es jammerschade wäre, wenn dieser Dialekt noch weiter zurückgedrängt würde. Beschleunigt wurde diese Renaissance des Bairischen durch die UNESCO, die Kultureinrichtung der Vereinten Nationen, die den bairischen Dialekt im Jahr 2009 in die Liste der gefährdeten Sprachen aufnahm. Ein heilsamer Schock, der dazu führte, dass der Niedergang des Bairischen längst nicht mehr nur beklagt, sondern offensiv gegen ihn gekämpft wird.

Vor allem eine neue wissenschaftliche Erkenntnis hat das Umdenken befördert: Sprachwissenschaftler haben nämlich festgestellt, dass Kinder, die sowohl die Schriftsprache als auch einen Dialekt sprechen, intelligenter sind, weil sie letztlich zweisprachig aufwachsen und damit höhere Ansprüche an ihre Denk- und Merkfähigkeit gestellt werden. Ich sage immer: Das Hirn ist wie ein Muskel – je stärker man es beansprucht, desto leistungsfähiger wird es.

Mit der Renaissance des Dialekts ist eine neue Betonung des Heimatbegriffs eng verbunden. Der Bayerische Rundfunk hat mit „BR Heimat" ein eigenes Radio-Format eingerichtet, in dem nur bayerische Musik gespielt und – vor allem in der Vormittagssendung „Hawe die Ehre" – viel Mundart (Bairisch, Fränkisch und Schwäbisch) gesprochen wird. Im Bayerischen Fernsehen läuft werktags seit Jahren die Serie „Dahoam is Dahoam", in der die Akteure ebenfalls Bairisch bzw. Fränkisch reden – wenn auch in je „entschärfter", d.h. leichter zu verstehender Variante. In einigen Tageszeitungen, so auch in der *SZ* und im *Münchner Merkur*, werden regelmäßig alte bairische Wörter aufgegriffen und erklärt. Die Münchner Tageszeitung *tz* hat im Jahr 2014 am Tag der Muttersprache (21. Februar) die gesamte Ausgabe auf Bairisch gedruckt. Offenbar ein Erfolg, denn seitdem enthält die *tz* an diesem Tag jeweils mindestens eine Doppelseite auf Bairisch.

Der CSU-Politiker Peter Gauweiler hat einmal gesagt:

Der bairische Dialekt, des is à Naturrecht,
àà wenn's net in dà Verfassung steht.
Der bairische Dialekt, das ist ein Naturrecht,
auch wenn es nicht in der Verfassung steht.

Die stärkere Fokussierung auf den Heimatbegriff hat auch zur Einrichtung eines eigenen „Heimatministeriums" in Bayern und anschließend in der Berliner Bundesregierung geführt – welche Aufgabe ein so bezeichnetes Ministerium auch immer haben mag. Dazu fällt auf, dass sich gerade „BR Heimat" oft mit dem bayerischen Heimatbegriff befasst und dabei die eingeladenen Gäste gerne gefragt werden: „Was ist für Sie Heimat?" Der Fußballer Bastian Schweinsteiger sagte dazu zum Beispiel:

Heimat, des is für mi der FC Bayern, då kenn i alle
Angestellten und woàß, wo die Toilettn sàn.

> Heimat, das ist für mich der FC Bayern, da kenne ich alle Angestellten und weiß, wo die Toiletten sind.

Zum Heimatbegriff fällt einem spontan einiges ein. Heimat ist zuallererst dort, wo man aufgewachsen ist. Da gehören die Freunde, die Familie, die Landschaft, die Küche und die Kultur dazu. Heimat ist da, wo man sich wohlfühlt.

Und Heimat ist sicherlich auch die Muttersprache und damit für uns Baiern der bairische Dialekt!

Wir Baiern sind wieder stolz auf unseren Dialekt. Und das mit Recht: Es kommt nicht von ungefähr, dass die Bundesbürger bei bundesweiten Umfragen, welchen Dialekt sie am schönsten finden, immer wieder Bairisch auf Platz 1 wählen.

Es gibt aber noch einen viel wichtigeren Grund. Dafür muss man allerdings in der Geschichte ganz weit zurückgehen, nämlich bis zur Erschaffung der Welt:

> Nachdem alles fertig war und schon die ersten Menschen die Erde besiedelt hatten, verteilte der Herrgott die Sprachen und die Dialekte unter ihnen. Anschließend saßen sie alle so beieinander. Als Erster ergriff das Wort – wie könnte es anders sein – der Berliner, der **Breiß**. Er meinte angeberisch: „Also Leute, ihr wisst et alle: Ick hab den tollsten Dialekt! Wir Berliner ham die schönste Sprache."
>
> Der Friese strahlte: „Wer kann schon so schön sspitzer Sstein sagen? Unsere Ssprache ist doch die schönste!"
>
> Und auch der Schwabe fand seinen Dialekt am schönsten: „Koiner kaa so schee schwätza wia mir im Ländle schwätzet!"
>
> Nur der Baier saß ganz allein da und schaute mit traurigem Blick dem Treiben zu. Er hatte nämlich keinen Dialekt zugeteilt bekommen. Da kam zufällig der Herrgott vorbei und die beiden sind so ins Gespräch gekommen. Irgendwann klagte der Baier, dass er keinen eigenen Dialekt erhalten hatte.
>
> Da meinte der Herrgott: **„À gäh, zweng dem Dialekt brauchst doch net so traurig schaung. Woàßt wås,**

redst oàfach so wià i!“ (Weißt du was, rede einfach so wie ich!)

Und so haben sie‘s gemacht! Seitdem haben die Baiern eine wahrhaft himmlische Sprache.

Eine ähnliche Begegnung soll sich übrigens erst kürzlich – es war während der Coronazeit – erneut zugetragen haben:

An einem schönen, sonnigen Tag, als die Münchner wegen des Lockdowns daheim bleiben mussten, setzte sich der Brunnhuber Wastl aus Bad Wiessee auf eine Bank am Tegernsee. Er genoss die Ruhe und den Blick auf den See, in dem sich die Berge und der weiß-blaue Himmel spiegelten. Ein älterer Herr kam des Weges und setzte sich ebenfalls auf die Bank, neben den Wastl. Eine Weile saßen sie stumm nebeneinander, bis schließlich der Wastl das Schweigen brach: „**Is doch wunderbar, då am Tegernsee. So schee!**“ Und nach einer kleinen Pause fuhr er fort: „**I bin dà Wastl. Und wer bist nachà du?**“ Der ältere Herr antwortete: „**I bin dà Herrgott.**“

Dem Wastl fuhr der Schreck in die Glieder, aber nachdem er sich etwas gefangen hatte, nahm er das Gespräch erneut auf: „**Jaaa – wennst du der Herrgott bist: Wås machstn du nachà då bei uns im Baiernland?**“

Darauf der Herrgott: „Home-Office, mein Sohn, Home-Office!“

Nachdem also Bairisch eine göttliche Sprache ist, die schon seit der Erschaffung der Welt existiert, ist es auch kein Wunder, dass sogar die alten Griechen dem Chef ihrer vielen Götter einen bairischen Namen gegeben haben. Und das kam so:

Immer, wenn sich die griechischen Götter zu einem Gelage getroffen hatten, stellte sich gegen Ende die Frage: Wer zahlt? Die Belegschaft erwartete, dass der Chef die Zeche übernimmt – wie bei jeder gut geführten

> Firma, die ihr Personal pflegt und bei Laune hält. Und so wandte sich, als es ans Zahlen ging, stets einer an den Chef und sagte auf Bairisch, der göttlichen Sprache:
> „**Zeus!**“ (Zahle es!)
> Und der Chef zahlte.
> Daraus wurde im Laufe der Zeit ein richtiges Ritual mit der Folge, dass man den obersten Gott bei den Griechen schließlich allgemein nur noch „Zeus“ nannte.

Diese Geschichte hat mir Django Asül erzählt. Und der muss es ja wissen. Schließlich ist er von der Abstammung her Türke, und die Türken hatten in den letzten Jahrtausenden bekanntermaßen sehr häufigen und intensiven Kontakt mit ihren „lieben Nachbarn“, den Griechen.

Nachdem wir jetzt also gelernt haben, dass wir die höchst erfreuliche Renaissance einer besonders liebenswerten Mundart erleben, die enormen Wert für unser Heimatgefühl hat, und dass es sich beim bairischen Dialekt sogar um eine göttliche Sprache und bei unserem schönen Baiernland um die Heimat des Herrgotts handelt, wollen wir der Frage nachgehen, welche irdischen Gestalten früher in diesem Landstrich gelebt haben und welche Sprachen hier gesprochen wurden.

Davor nur noch ein augenzwinkernder Abschlussgedanke: In den 1970er Jahren führte eine Umfrage bei Dialektsprechern im Landkreis Cham (Oberpfalz) zu dem Ergebnis, dass Männer stärker am Dialekt festhalten als Frauen. Bestrebungen, die „Muttersprache“ deshalb in „Vatersprache“ umzubenennen, sind bislang im Sande verlaufen.

Kelten und Römer zwischen Donau und Alpen

Wir Altbayern wissen, dass unsere Vorfahren die Bajuwaren waren, die eine Frühform unseres heutigen Bairisch gesprochen haben. Dieser Volksstamm taucht aber erst im 6. Jahrhundert nach Christus auf. Bleibt die Frage: Wer lebte hier eigentlich vor den Bajuwaren? Und welche Sprache wurde vor diesen Ureinwohnern Altbayerns genutzt?

Steigen wir etwa 200 Jahre v. Chr. ein. Wir befinden uns in der Eisenzeit, in der weite Teile Europas von den Kelten besiedelt waren – auch das Gebiet zwischen den Alpen und der Donau bis hinauf in die Oberpfalz, das heutige Altbayern. Die Kelten siedelten in kleinen Dorfgemeinschaften, hatten aber bereits einige wenige, für damalige Verhältnisse große Siedlungen mit 5.000 bis 10.000 Einwohnern errichtet, die die römischen Geschichtsschreiber *oppida* nannten. In Oberbayern ist hier das *oppidum* von Manching zu nennen, das im 3. Jahrhundert v. Chr. gegründet wurde und bis etwa 50 bis 30 v. Chr. bestand.

Natürlich sprachen die Kelten Keltisch. Da sie aber keine schriftlichen Aufzeichnungen hinterlassen haben, sind Details über diese Sprache kaum bekannt. Wir wissen nur, dass es sich um eine indogermanische Sprache handelte und sie deshalb auf denselben Ursprung zurückgeht wie die meisten europäischen Sprachen. Bezüge zu unserer bairischen Sprache lassen sich kaum mehr feststellen. Man muss daher konstatieren, dass trotz jahrhundertelanger Besiedelung des altbayerischen Raums die keltische Sprache hier weitgehend ausgestorben ist.

Neben einer kleinen Bevölkerungsgruppe in der Bretagne wird heute noch bei den sogenannten „Inselkelten“ in Schottland, Wales und Irland eine je eigene Form von Keltisch gesprochen. Trotz fehlender schriftlicher Überlieferungen auf bayerischem Boden hat die Wissenschaft auf der Grundlage dieser aktuellen

Sprachen versucht, Erkenntnisse über die frühere Sprache der „Festlandkelten“ zu gewinnen, und ist dabei zu dem Ergebnis gekommen, dass manche der heutigen geografischen Bezeichnungen in Bayern, also Orts-, Berg- und Flussnamen, mit großer Wahrscheinlichkeit auf keltische Begriffe zurückgehen.

Keltische Bergnamen dürften zum Beispiel Andechs (keltisch *Andaksia*), der heilige Berg der Baiern, sowie Arber (von *Arduikos* für „der hohe Berg“), der Lusen und der Osser im Bayerischen Wald sein. Beispiele für vermutlich keltische Ortsnamen sind Cham (von keltisch *kambos* für „krumm“), Kallmünz (von *Kalamatia*), Prien (von *Brīvena* oder *Brigesnā*), Regensburg (von *Ratasobona*) oder Straubing (von *Sorviodurum*). Auf keltischen Wurzeln fußende Flussnamen dürften etwa die Abens (von keltisch *Abusina*), Ammer/Amper (von *Ambra*), Donau (von *Dānewjos*) oder Inn (von *Énos*) führen.

Eine wichtige Zäsur stellte die Eroberung des von den Kelten besiedelten Gebiets nördlich der Alpen durch die Römer dar. Unter der Regentschaft von Kaiser Augustus nahmen dessen Stiefsöhne Tiberius und Drusus um 15 v. Chr. ein beträchtliches Gebiet ein und erschlossen geografisch wie strategisch den Alpenraum für das Römische Reich. In dieser Region, in der die Räter, Vindeliker und Noriker als dominanteste der ansässigen keltischen Stämme siedelten, errichteten die Römer ihre Provinzen Rätien und Noricum. Das heutige Altbayern entspricht dabei in etwa Rätien mit einem kleinen Teil der Provinz Noricum, deren Großteil auf heute österreichischem Boden lag.

Zum Zeitpunkt des Einmarschs der Römer war aber bereits Bewegung in die Siedelei der Kelten gekommen. Ein Teil der Stämme hatte die Region nördlich der Alpen wohl verlassen. Für diese Annahme spricht, dass das von keltischen Vindelikern errichtete *oppidum* Manching schon einige Jahre vorher aufgegeben worden war. Interessante archäologische Funde, die aus der Zeit der Kelten und der Römer stammen, kann man übrigens im „kelten römer museum“ in Manching bewundern. Leider nicht mehr zu besichtigen sind die erst im Jahr 1999 in Manching gefundenen 451 keltischen Goldmünzen, sogenannte „Regenbogenschüsselchen“, die dort im November 2022 gestohlen wurden. Der Name dieser Münzen geht auf ihre schüsselartige Form zurück. Nach einem alten Aberglauben sollen sie vom unteren Ende eines Regenbogens auf die Erde herabgetropft sein.

Im 2. und 3. Jahrhundert n. Chr. versuchten germanische Stämme immer wieder, nach Rätien und Noricum einzudringen – meist auf Beutezug und Plündertour. Die römischen Grenzsoldaten sollten das natürlich verhindern. Friedlichen und zahlenmäßig kleinen Gruppen erlaubten die Römer allerdings, sich auf römischem Gebiet niederzulassen. Sie erhielten sogar die Möglichkeit, in die römischen Legionen und in die römische Verwaltung einzutreten. Manche erreichten dabei hochrangige Stellungen.

In dieser mehrere Jahrhunderte dauernden Phase der römischen Besatzung hat zwangsläufig ein kultureller Austausch zwischen den hier nach wie vor lebenden Kelten, zugewanderten Germanen und römischen Besatzern stattgefunden, der sich auch auf die Sprache erstreckte. Nachdem Kelten und Germanen für manche Eigenheit der römischen Lebensweise und neue Kulturgüter keine eigenen Wörter hatten, mussten diese aus dem Latein der Römer übernommen werden. Dies gilt zum Beispiel für das Bauwesen: Während die Römer auf hochstehende Architektur zurückgreifen konnten, über Kanalisation und Fußbodenheizung verfügten, hausten Kelten wie Germanen in Holz- oder Lehmhütten, bei denen es anstelle von Fenstern und Türen – im römischen wie im heutigen Sinn – nur Öffnungen gab, die man stimmig als „Löcher“ bezeichnete. Noch heute sagt man in Altbayern zu jemandem, den man aus dem Haus weisen will, mit einem Wink Richtung Tür:

Då håt der Zimmermo ’s Looch nausgmacht.
Dort hat der Zimmermann die Öffnung
nach Draußen angebracht.

Obwohl das lateinische Wort *fenestra* als Lehnwort ins Deutsche übernommen wurde und es auch ein eigenes Wort für die Tür gibt, hat sich das archaische **Looch** (Loch) in Altbayern also bis heute als Synonym für eine Öffnung in der Mauer erhalten.

Nach dem Rückzug der Römer aus Noricum im Jahr 488 n. Chr. ging die verbliebene, an sich schon kulturell gemischte Bevölkerung in der Durchmischung mit später zugewanderten, völlig neu strukturierten Bevölkerungsgruppen auf. Die in der Region gesprochene Sprache veränderte sich so stark, dass das ursprüngliche Keltisch in Baiern nahezu völlig verschwand.

Heute werden keltische Sprachen in nennenswertem Umfang nur noch in Irland (Gälisch), in Wales (Walisisch bzw. Kymrisch) und in der französischen Bretagne (Bretonisch) gesprochen. Was sich auch in Baiern noch erhalten hat, ist neben den oben genannten geografischen Bezeichnungen die Liebe zur keltisch-irischen Musik. Es gibt eine Reihe von Formationen, die sich diesem Musikstil verschrieben haben. Besonders erwähnen möchte ich dabei die Gruppe IRXN aus München, die irisch-keltische Musik mit bairischen Texten verbindet. Eines der Bandmitglieder nennt sich „Reinhold der Kelte".

Während also die keltische Sprache in Altbayern mehr oder weniger ausgestorben ist, finden wir im Bairischen ausgesprochen viele lateinische Relikte, die in den Wortschatz der post-römischen Zuwanderer aufgenommen wurden und überdauert haben.

Die Römer sprachen Latein. Auch heute noch lernen viele bayerische Kinder diese sogenannte „tote Sprache". Als sich mein Sohn auf dem Gymnasium zwischen Latein und Französisch als zweite Fremdsprache entscheiden musste, hielt auf dem dazu anberaumten Elternabend der Französischlehrer ein flammendes Plädoyer für sein Fachgebiet und meinte sogar, dass Französisch die schönste Sprache überhaupt sei. Da widersprach ihm sofort ein bairischer Vater:

De scheenste Sprach is de boàrische,
weil mà då à jeds Wort versteht.
Die schönste Sprache ist die bairische,
weil man da jedes Wort versteht.

Anschließend kam der Lateinlehrer dran und begann mit folgender Aussage: „Der Französischlehrer hat völlig Recht. Ihr Kind sollte Französisch lernen <*Pause*> wenn es Latein kann."

Und Recht hatte er! Schon deshalb, weil sowohl das Schriftdeutsche als auch das Bairische sehr viele Bezüge zu Latein besitzen. Im nächsten Kapitel will ich bairische Wörter aufführen, die lateinische Ursprünge haben. Und davon gibt es nicht wenige!

Bairische Wörter mit lateinischen Wurzeln

Beim Lesen dieses Kapitels werden Sie, liebe Leser, feststellen, dass manche der lateinischen Wurzeln in den bairischen Wörtern nur noch rudimentär vorhanden und daher nicht auf den ersten Blick zu erkennen sind. Nun, die Römer, die für diese Einflüsse maßgeblich waren, haben Baiern schließlich vor mehr als 1.500 Jahren verlassen. Es liegt auf der Hand, dass sich die Sprache über eine derart lange Zeit drastisch verändert hat und jüngere Einflüsse dominanter zutage treten als ältere. Nehmen wir zum Beispiel die im bairischen Dialekt zu findenden französischen Lehnwörter (vgl. Kapitel „Bairische Wörter mit französischen Wurzeln“), die erst in den letzten zwei- bis dreihundert Jahren Eingang in das Bairische gefunden haben. Der französische Ursprung ist in der Regel auf den ersten Blick zu erkennen.

Ein Teil der bairischen Wörter mit lateinischem Ursprung kann allerdings unter „mittelalter(liche) Einflüsse“ einsortiert werden – geht er doch nur indirekt auf die alten Römer zurück. Viele Jahrhunderte lang spielte Latein auch in Baiern als Sprache der Kirche, der Gelehrten und beim Adel eine wichtige Rolle. Auch diese Einflüsse sind jedoch in der Regel deutlich älter als die französischen.

Hier also meine bairischen Wörter mit lateinischen Wurzeln, alphabetisch geordnet:

àgràtt: akkurat
Das Wort kommt vom lateinischen *accuratus* für „sorgfältig, genau, ordentlich“. Eine übertrieben akkurate Person heißt in Baiern **Dipfàlscheißer**.

Wenn meine Mutter so manches Arbeitsergebnis meines Vaters kontrollierte, fürchtete er ihre hochgesteckten Ansprüche, weil sie sehr akkurat war. Ihr Erscheinen kommentierte er gern:

Jetz kimmt wieder der Någl Àgràtt.
Jetzt kommt wieder die übertrieben genaue Person.

Der Vergleich mit dem **Någl** (Nagel) nimmt wohl Bezug auf die Nagelspitze, einen sehr kleinen Punkt, den richtig anzusetzen nicht einfach ist.

Auch der **Dipfàlscheißer** trifft genau auf dieses kleine **Dipfàl** (Tüpfelchen).

Àntn: Ente, Enten
Enten waren bereits bei den Römern wegen ihres Fleisches beliebt. Der Name geht auf das lateinische *anas, anatis* zurück.

Neben den **Àntn** findet man auf bairischen Bauernhöfen meistens auch Gänse, die auf Bairisch **Gens** heißen. Diese beiden Bezeichnungen des bäuerlichen Geflügels nutzte mein Großvater, um seinen Kindern den Unterschied zwischen einem Dreiviertel- und einem Vierviertel-Takt beizubringen und sie so das Zwiefach-Tanzen zu lehren. Beim Zwiefachen wechseln sich nämlich Dreiviertel- und Vierviertel-Takt in einem Musikstück ab. Mit

D'Àntn und 'Gens,
D'Àntn und 'Gens.

bildete er ein Beispiel für den Dreiviertel-Takt, und umgedreht wird ein Vierviertel-Takt draus:

'Gens und d'Àntn,
'Gens und d'Àntn.

Zu diesem Geflügel gibt es noch ein Wortspiel. Um es zu verstehen, muss man wissen, dass man auf Bairisch für „drüben" **ent** oder **entn** sagt:

Wenn Gens übern Båch schwimmà,
dann sàns entn.
Wenn die Gänse über den Bach schwimmen,
dann sind sie drüben.

Rein phonetisch kann das auch heißen: Wenn die Gänse über den Bach schwimmen, dann sind sie Enten.

Àpfokàt: Advokat

Diese heute kaum noch gebräuchliche Bezeichnung für den Rechtsbeistand gab es schon bei den Römern mit dem Wort *advocatus*, das auf das lateinische *advocare* für „herbeirufen, zu Hilfe rufen" zurückgeht.

Über einen guten Advokaten sagten die bairischen Bauern:

Der håt à scharfe Fotzn.
Der hat ein scharfes Mundwerk.

Ass, die: Ass, das

Das Ass (standarddeutsch) oder **die Ass** (bairisch) ist beim Kartenspiel in jeder Farbreihe die höchste Karte. Bei den Römern war das Wort noch ein Maskulinum: Der *As* war als römische Münze ursprünglich ein Kupferstück mit sehr hoher Kaufkraft. Die weibliche bairische Form, **die Ass**, ist ein altbayerisches Dialektwort, das sich im Wege der Analogie gebildet haben dürfte: Die Ass-Spielkarte heißt in Baiern auch **die Sau**, wird also ebenfalls weiblich konnotiert. Auf der **Schellnsau**-Karte ist nämlich ein Wildschwein abgebildet. Weil wir gerade bei der Sau sind:

> In einer Schafkopfrunde erzählt einer, dass er demnächst in Thailand Urlaub machen werde, worauf ein Mitspieler wegen des dort leider üblichen Sextourismus meint: „Ja, du Sau!" Der künftige Urlauber erkennt, dass ein Missverständnis vorliegt, und ergänzt: „Aber i fahr doch mit meiner Frau." Worauf der Mitspieler meint: **„Ja, du bläde Sau!"** (Ja, du blödes Schwein!)

Dazu passt die folgende Geschichte über den bairischen Kurfürst Karl Theodor (1724-1799), der ursprünglich Pfalzgraf und Kurfürst von der Pfalz war. 1777 fiel ihm aufgrund des Fehlens eines männlichen Nachkommen bei den Münchner Wittelsbachern die Kurwürde von Bayern zu und er verlegte seinen Regierungssitz von Mannheim nach München. Bei den Münchnern war er aus verschiedenen Gründen nicht beliebt, unter anderem wegen seiner zahlreichen nichtehelichen Kinder.

1795 heiratete der 71-jährige Karl Theodor in zweiter Ehe die erst 19-jährige Maria Leopoldine von Österreich-Este, die in Mailand aufgewachsen war. Als der alte Kurfürst mit seiner jungen Auserwählten in seiner Residenzstadt eintraf, machten sich die Münchner despektierlich mit einem derben Vers darüber lustig:

O lieber Herr und Heiland!
Was schickst Du uns aus Mailand?
Eine schöne Frau
Für unsere alte Sau.

Banzn: Bierfass
Bierfässer haben in der Regel eine bauchige Form. *Pantex* ist das lateinische Wort für „Wanst", also für einen dicken Bauch. Der davon abgeleitete **Banzn** ist die bairische Bezeichnung für ein Bierfass in üblicher Größe. Ein besonders großes Bierfass nennt man in der Münchner Gegend einen **Hirschen**. Er fasst 200 Liter. Wie viele Mass Bier aus einem **Hirschen** ausgeschenkt werden, obliegt der Kunst des Schankkellners. Sicher ist nur: Es sind immer mehr als 200, auch wenn eine Mass einem Liter entspricht.

Bàttà: Pater
Vater heißt auf Lateinisch *pater*. Weil sich Ordensleute um das (Seelen-)Heil ihrer Mitmenschen kümmern – wie ein guter Vater –, wurde diese Bezeichnung auch für die Mitglieder einer Klostergemeinschaft verwendet: die Patres.

Bekanntlich führen die Mitglieder kirchlicher Orden ein eher beschauliches Leben. Hektik und Stress sind ihnen weitgehend unbekannt. Ihre Arbeiten erledigen sie mit Bedacht und ohne Eile. Wer in gleicher Weise arbeitet, wird in Baiern als **langsamà Bàttà** (langsamer Pater) verspottet.

Der niederbayerische Barde Fredl Fesl hat in einem seiner Lieder einen netten bairischen Dialog zwischen einem Pater und einem Mann, wohl einem Bauernknecht, bekannt gemacht, die sich darüber unterhalten, wer dem hoch stehenden Gras einer Wiese demnächst zu Leibe rücken soll. Diesen Diskurs übers

Mähen, den auch schon mein Vater gekannt hat, zeichnet sich vor allem durch seine lautmalerische Qualität aus:

Pater:	**Mo, màh!**	Mann, mähe!
Mann:	**Bàttà, màh du!**	Pater, mäh du!
Pater:	**Dà Bàttà màht àà.**	Der Pater mäht auch.
Mann:	**Màht dà Bàttà àà?**	Mäht der Pater auch?
	Na màh-r-e àà.	Dann mähe ich auch.

Die bairische Fassung sollte sehr schnell vorgetragen werden. Fredl Fesl forderte dabei seine Zuhörer zum Mitsingen auf und wählte dafür G-Dur. Nachdem – wegen der unschwer erkennbaren Schwierigkeit des Mundart-Textes – niemand mithalten konnte, fragte er: **„Is's z'hoch?"** (Ist die Tonart zum Mitsingen zu hoch? Aber auch: Ist es zu schwer?)

Biewàl, Biberl: Küken
Diese liebevolle Bezeichnung für Hühnerkinder geht auf das lateinische Verbum *pipilare* zurück, das „piepen" heißt. Hühnerhalter locken Küken auch heute noch mit „Pip-pip-pip-pip". Im bayerischen Oberland sagt man auch **Singerl** zu den kleinen gelben „Kugeln", weil sich ihr Piepsen wie Gesang anhört.

Biewàl nannte man in meiner Jugend auch Mädchen und junge Frauen, die so nett wie die kleinen Küken waren. Bei den gefiederten ausgewachsenen **Biewàl**, also bei den Hühnern, sind manche im Brüten, andere im Eierlegen besser. Hat eine Bäuerin keine Bruthenne, klagt sie:

In der Legalität sàn s' ja ganz guàt,
aber in der Brutalität daung s' nix.
In der „Legalität" (im Legen) sind sie ja ganz gut,
aber in der „Brutalität" (im Brüten) taugen sie nichts.

Brezn: Breze, Brezel
Die verschlungene Form dieses Laugengebäcks erinnert an vor der Brust zum Gebet verschränkte Arme. Und dieses „Armbrot" kannten bereits die Römer. Sie nannten es *bracchiatellum* (wörtlich: Ärmlein), gesprochen „braziatellum", das Diminutiv von

bracchium (Arm), aus dem sich das norddeutsche Brezel ebenso wie die bairische **Brezn** entwickelt haben. Auch die **Pratzn**, wie eine große Hand auf Bairisch heißt, kommt, ebenso wie das **Pràckl** Mannsbild, von *bracchium*.

Zur **Brezn** gibt es eine nette Geschichte des bairischen Kabarettisten Helmut Schleich:

> Ein Berliner sitzt im Wirtshaus und hat ein Körbchen mit Brezeln vor sich. Als die Bedienung vorbeikommt, fragt er sie: „Sagen Sie mal, sind diese Brezeln von heute?“ Die **ràsse** (kratzbürstige) bairische Bedienung empfindet diese Frage als ungehörig: „**Buàle, wennst à Brezn vo heit mägst, na muàßt morgn kemà**.“ (Bübchen, wenn du eine Brezel von heute willst, dann musst du morgen kommen.)

Brootz: Protz
Ein **Brootz** ist sowohl die Bezeichnung für eine fette Kröte als auch für einen Angeber, einen Prahler oder Wichtigtuer. Das Verbum **(sich) brootzn** bedeutet analog „angeben, protzen“. Es kommt von dem lateinischen *procer, -eris* für einen Vornehmen, einen Adeligen.

Liegt jemand hilflos auf dem Boden, zum Beispiel nach einer verlorenen Rauferei, dann sagt man über ihn abschätzig:

Der liegt då wià à gmàädà Brootz.
Der liegt da wie eine gemähte –
also von einer Sense verletzte – Kröte.

Buà: Bub
Buà heißt in Baiern bereits der ungeborene männliche Nachwuchs, natürlich auch der standarddeutsche Knabe oder Junge bis hin zum jungen Mann, der zu seinem **Deàndl** (Dirndl, Mädchen, junge Frau) geht. Früher waren alle unverheirateten Männer **Buàm** (Buben). Beim bairischen Volkstanz nennt man sogar sämtliche anwesenden Männer unabhängig von ihrem Stand und ihrem Alter **Buàm**. Die Römer hatten dafür das Wort *puer, -i*, dessen Aussprache („puà“) kaum vom Bairischen abweicht.

Als ich meinem knapp zweijährigen Enkel seinen Vornamen beibringen wollte und ihn zur Erfolgskontrolle fragte „**Wià hoàßt du?**" (Wie heißt du?), antwortete er: „**Buà.**"

Buckl: Buckel
Ein **Buckl** ist die Bezeichnung für eine Erhebung, zum Beispiel (geografisch) für einen kleinen Berg, einen Hügel, (anatomisch) eine Beule oder einen Höcker, auch für den menschlichen Rücken. Die Römer nannten die vollgestopfte oder aufgeblasene Backe *bucca,* in der Verkleinerungsform *buccula.*

Eine bekannte schnöde Aufforderung lautet:

Du konnst mià àn Buckl nunterrutschn.
Du kannst mir den Buckel (Rücken) hinunterrutschen.

Oder in umgekehrter Richtung:

Steig mà doch àn Buckl nauf.
Steig mir doch den Rücken hinauf.

Ein bairischer Taugenichts pflegt folgende Lebensweisheit:

Liàwà àn Bauch vom Saufà
ois wià àn Buckl vo dà Arwàt.
Lieber einen Bauch vom Saufen
als einen Buckel von der Arbeit.

Von *buccula* stammt auch das Adjektiv „verbuckelt" ab, das auf Bairisch **dàbuhlt** heißt und Textilien mit unerwünschten Falten beschreibt.

Busserl: Küsschen
Der Kuss hieß bei den Römern *basium, -i,* die Verkleinerungsform *basiolum.* Und wenn an den Historienfilmen nur ein Fünkchen Wahrheit dran ist, wissen wir, dass die Römer bereits **vui rumbusslt** (viel herumgeknutscht) haben.

dàsig: still, kleinlaut, verschüchtert
Das Adjektiv geht auf das lateinische *tacitus, -a, -um* zurück, das mit „schweigsam“ übersetzt wird. Im Gegensatz zu unseren aufgeweckten Enkeln mussten wir als Kinder bei Verwandtenbesuchen immer ganz **dàsig** dabeisitzen. Nur wer sich daran hielt, wurde dann von der Verwandtschaft gelobt: **„Du bist ja à ganz à Bràvà, gell!“** (Du bist ein ganz Braver, nicht wahr?)

dischgriern: sich angeregt miteinander unterhalten
Dieses Verbum kommt von dem lateinischen Wort *discurrere,* das „auseinanderlaufen, sich verbreiten“ bedeutet. Bei einer anregenden Unterhaltung erfährt man in der Regel Neuigkeiten, die sich im Anschluss fast wie von allein weiter verbreiten.

doràt: gehörlos, schwerhörig
Das Wort könnte eine Verbindung zum lateinischen *durus, -a, -um* für „hart, gefühllos“ haben.

Reagiert jemand nicht auf einen Befehl oder eine sonstige Ansprache, so fragt man ihn: **„Bist du doràt?“** (Bist du schwerhörig?) Das Substantiv hierzu ist ein **Doràtà** (Schwerhöriger).

Zusatzfrage:

Wissts es, warum der Schoàß stinkt?
Damit de Doràtn àà wås dàvo ham.
Wisst ihr, warum der Darmwind
einen unangenehmen Geruch verbreitet?
Damit die Schwerhörigen auch etwas davon haben.

Duid: Dult
Zur Erklärung der Herkunft des Wortes **Duid** müssen wir einen Blick auf frühere christliche Bräuche und damit zusammenhängendes Gedankengut – Sündenstrafen, Buße und Ablass – werfen. Seit dem Mittelalter waren kirchliche Feste an bestimmten Orten mit der Möglichkeit zum Ablasserwerb verbunden, was, nach der kirchlichen Lehre, zum glücklichen Erlass zeitlicher und ewiger Sündenstrafen führte. Um einen Ablass zu gewinnen, nahmen die Gläubigen oft weite Anreisen von ihren Dörfern zu größeren religiösen Zentren auf sich. Da sie nach den kirchlichen Vor-

schriften zur Kommunion nüchtern erscheinen mussten, hatten sie nach Reise und Gottesdienst meist großen Hunger und Durst. Diesem Bedürfnis trug man Rechnung, indem man in Kirchennähe Marktbuden mit entsprechenden Angeboten aufstellte.

Der Ablass heißt lateinisch *indultum* (von *indulgere* = nachsichtig sein, gewogen sein, für etwas Sorge tragen, etwas pflegen), weshalb man die versammelten Verkaufsstände Indultum-Märkte nannte, später kurz Dulten. Man sieht sofort: In diesem Fall waren es nicht die römischen Besatzungstruppen, denen wir dieses Wort verdanken, sondern die Tatsache, dass die Kirchensprache Lateinisch ist. Ein der **Duid** ähnliches Wort gibt es übrigens auch im Gotischen, wo es „ausgelassenes Fest" bedeutet.

Duid ist außerdem die Bezeichnung für ein Mitbringsel, das die Dultbesucher den Daheimgebliebenen als Geschenk mitbrachten – zum Trost dafür, dass sie nicht selbst auf die Dult mitgehen durften oder konnten. Kam der Dultbesucher nach Hause, wurde er sofort bestürmt mit der Frage: „**Håst mà-r-à Duid mitbråcht?**" (Hast du mir von der Dult ein Geschenk mitgebracht?)

Fàcke: Ferkel
Das Wort wurde – wie auch die Ferkel selbst – von den Römern nach Baiern gebracht. Die ursprünglichen Bezeichnungen waren *porculus, -i* bzw. als Diminutiv *porcellus, -i* (Schweinchen).

Entsprechend der Praxis, schmutzige Erwachsene als „Sau" zu titulieren, nennt man Kinder, die sich dreckig gemacht haben, auf Bairisch **Fàcke**. Handelt es sich bei den größeren Dreckspatzen um moderate Fälle, kann man **Fàcke** auch für Erwachsene verwenden.

> Die Resi und die Wally unterhalten sich über ihre Männer. „**Stoi dà vor, dà Mei mächt mà zum Geburtsdåg à lewendigs Fàcke schengà!**", beklagt sich die Resi. „**Des schaugt eàhm gleich**", meint die Wally. Die Resi drauf: „**Warum? Håst às du ebbà scho gseng?**"
> Die Unterhaltung der beiden für Nichtbaiern: „Stell dir vor, der Meine will mir zum Geburtstag ein lebendes Ferkel schenken!" – „Das sieht ihm ähnlich." – „Warum? Hast du es etwa schon gesehen?"

Fàkànz: schulfreie Zeit
Bis zum Beginn der zweiten Hälfte des letzten Jahrhunderts nannte man in Baiern sämtliche Schulferien und auch den sonstigen Urlaub so. Das Wort ist sehr nah am schriftdeutschen „Vakanz“ verblieben, der Baier spricht es aber mit „F“. Es kommt von dem lateinischen *vacatio, -onis,* das „Befreitsein, Entlastung“, aber auch „Urlaub“ bedeutet, bzw. von dem Verbum *vacare* für „frei sein, Zeit und Muße haben“.

Das Wort wurde erst in der Zeit des Humanismus ins Deutsche entlehnt und inzwischen durch einen anderen Begriff lateinischen Ursprungs ersetzt: *feriae, -arum* für „Fest- und Feiertage, Ruhe und Frieden“.

Fàtschn: Bandage
Dieses bairische Wort für eine lange Binde, eine Bandage oder einen Wickel geht zurück auf das lateinische *fascia, -ae.*
Ein Wickelkind hieß deshalb früher **Fàtschnkindl** und ein kranker Fuß wird von den Baiern **eigfàtscht**.

Fotzn: Mund, Gesicht
Das Wort geht zurück auf das lateinische *vox, -cis,* das „Stimme, Rede“ bedeutet. Die **Fotzn** ist der Ort, wo die Stimme den Körper verlässt. Dass es sich um eine eher abschätzige Bezeichnung handelt, zeigt ein Satz aus Georg Queris „Kraftbayrisch“, der von einem Förster bei der Treibjagd in Richtung lärmender Jagdgesellschaft geäußert wird: „Die Herren Schützen sollen das **Mäui** (Maul) halten – die Treiber ihr **Fotzn**.“

Erst kürzlich hat eine bairische Zahnärztin Schlagzeilen gemacht, weil sie ihre Praxis „Fotznspanglerei“ nannte. Des Bairischen unkundigen Zeitgenossen war das zu rustikal, weil sie in ihrer Sprache der Fotze nur als etwas Unanständigem begegnen. Schon Ludwig Zehetner hat in seinem Werk „Bairisches Deutsch“ zu Recht darauf hingewiesen, dass *„Fotze(n)“ im Bairischen „zwar ein derber Ausdruck ist, aber niemals die Bedeutung >Vagina< oder >Hure< hat“*. Dass der **Spàngler** ein Handwerker, nämlich der Spengler, ist, dürfte bekannt sein. Somit ist der **Fotznspàngler** ganz schlicht ein Handwerker, der für den Inhalt des Mundes zuständig ist. Da sowohl der Spengler als auch der Zahnarzt mit den gleichen Werkzeugen arbeitet – Zange, unterschiedliche Bohrer, Gewindeschneider, Hammer – liegt der Vergleich durchaus nahe. Mein Schwiegervater war Schmiedemeister und verfügte über ein großes Sortiment an Zangen, die er noch in den 1950er Jahren verwendete, um bei der Verwandtschaft wackelnde oder schmerzende Zähne zu ziehen.

Der Baier liebt übrigens solche bildhaften Vergleiche: Den Bäcker nennt er zum Beispiel **Loàweschmied** (Laibchenschmied), weil er die **Loàwe** – kleine Brotlaibe, gemeint sind Semmeln – „schmiedet", also in Form bringt wie der Schmied das heiße Eisen.

Aber zurück zur **Fotzn**: Auch die bairische Beschreibung für einen total betrunkenen Mann zeigt, dass die **Fotzn** nichts anderes meint als den Mund bzw. das Gesicht:

Der håt b'Fotzn voià Rausch.
Der hat das Gesicht voller Rausch.

Eine andere Bedeutung des Worts **Fotzn** ist „Ohrfeige". Früher galt auf dem Dorf bei kleineren Vergehen der Grundsatz:

Für àn Haftbefehl wird's net langà,
aber für à påår Fotzn ållàwei.
Für einen Haftbefehl wird es nicht reichen,
aber für ein paar Ohrfeigen immer.

Noch etwas derber als die **Fotzn** ist der **Footz für** „Lippe, Mund". Der standarddeutsche Spruch „Da bleibt dir der Schnabel sauber" heißt auf Bairisch: **Då bleibt dir der Footz sauber.** Das hieraus gebildete alte Verbum **footznudeln** bedeutet „schmusen, busseln".

Foàm: Schaum
Der **Foàm** ist der Schaum, in der Regel der Bierschaum, den die Römer *spuma, -ae* nannten. Da das „s" in *spuma* nur eine vorübergehende Worterweiterung war und sich das eigentlich am Wortanfang dominante „p" nach und nach per Lautverschiebung zu einem „f" entwickelte, wurde daraus im Frühneuhochdeutschen „faum".

In bairischen Vereinen singt man zu vorgerückter Stunde gerne folgendes Lied:

Des Bier håt àn wunderscheen' Foàm,
Drum geh mà, drum geh mà net hoàm.
Das Bier hat einen wunderschönen Schaum,
Deshalb gehen wir, gehen wir nicht heim.

Gànt: Konkurs
Wenn ein Bauer **auf die Gànt** gekommen war, dann war er zahlungsunfähig und sein Anwesen wurde versteigert.

Bei der Zwangsversteigerung stellte der Auktionator auf lateinisch die Frage: „*Quantum?*" (Wie viel? Also: Wie viel wird geboten). So wurde aus dem lateinischen *quantum* die bairische **Gànt**.

Gaudi: Spaß
Der Lateinschüler erkennt hier sofort den Ursprung: das *gaudium* bedeutet „Freude, Vergnügen" (vulgärlateinisch: die *gaudia*). Auch die bairische **Gaudi** ist zuvorderst eine ausgelassene Fröhlichkeit, ein Vergnügen oder eine Belustigung. Die **Gaudi** hat aber noch eine zweite, keineswegs lustige Bedeutung, nämlich „Ärger, Aufregung, Unannehmlichkeiten, Streit, Tumult". In diesem Fall sagt der Baier ironisch:

Des is à scheene Gaudi.
Das ist ein schöner Spaß.

Von echtem Spaß kann hier keine Rede sein.

Ähnlich verhält es sich bei:

Ja, du gfreist mi.
Ja, du (er)freust mich.

Glufern/Klupperl: Finger
Die alten Römer hatten ein Faible für schöne und praktische Sicherheitsnadeln in unterschiedlichsten Formen. Eine davon war der *clavus, -i,* wörtlich „Nagel". Aus *clavus* wurde die bairische

Glufern, die man auch als **Haar-Glufern** kennt, und schließlich ergab sich als Diminutiv das **Klupperl**, eine Klammer, die vor allem als **Waschklupperl** in Gebrauch ist. Betrachtet man einige eng gesteckte **Waschklupperl** auf der Wäscheleine, erinnert uns das Bild an menschliche Finger, die darauf ebenfalls die Bezeichnung **Klupperl** erhielten.

Als Kinder haben wir im Winter oft geklagt: „**Heit friert's uns wieder gscheit in de Klupperl.**" (Heute frieren wir wieder heftig an den Fingern.)

Goàß: Geiß
So heißt in Baiern die Ziege, die auch schon bei den Römern als Fleisch- und Milchlieferant beliebt war und deshalb als Haustier gehalten wurde. Bei den Römern hieß sie *capra, ae*, im Diminutiv *capella*. Der *haedus* bildete als „Böckchen, junger Ziegenbock" das männliche Gegenstück dazu. Aus *haedus* wurde bei den Goten *gaits*, das sich zum althochdeutschen *geiz(e)* wandelte.

Nette kleine, pfiffige Mädchen bezeichnet der Baier auch gern als **freche Goàß**. Aus meiner Jugendzeit, als bairische Eltern ihren Kindern das Schriftdeutsche nahebringen wollten, damit aber selbst noch Probleme hatten, kann ich mich an folgende Äußerung eines Vaters erinnern, der seinen Sohn so korrigierte: „Es heißt nicht **Goàß**, sondern Geiß **hoàßt's**."

Grä, Gred: Außentreppe
Diesem bairischen Wort, das die Außentreppe einschließlich des gepflasterten Wegs am Haus entlang bezeichnet, geht auf das lateinische *gradus* (Schritt, Stufe, Leiter) bzw. *ingredi* (eintreten) zurück.

griàwig: gemütlich, behaglich
Es handelt sich um ein für die Beschreibung des bairischen Charakters sehr wichtiges Adjektiv. Abgeleitet ist es von dem lateinischen *creber, -bra, -brum*, das man mit „üppig, dicht stehend, gedrängt, zahlreich" übersetzt. Der Baier findet es besonders gemütlich, wenn er sich in Gesellschaft, also unter zahlreichen anderen Menschen befindet. Deshalb gibt es auch den alten bairischen Spruch:

Alloà is's àn Himme drin net schee.
Allein ist es nicht einmal im Himmel schön.

Gschpusi: Liebschaft
Auch eine Geliebte bzw. ein Geliebter ist ein **Gschpusi**. Das Wort geht zurück auf *sponsa/sponsus* für „Braut/Bräutigam“ bzw. „Verlobte/Verlobter“. Interessant ist die heutige Verkehrung ins Gegenteil, weist doch **Gschpusi** auf eine vor- oder außereheliche Liebesangelegenheit hin.

Das Wort *sponsa* findet man noch sehr häufig in alten Pfarrmatrikeln.

Gsöichts: Geselchtes, Geräuchertes
Beim Geselchten handelt es sich um geräuchertes Schweinefleisch. Der Ursprung für dieses Wort liegt im lateinischen *salix, -icis* für „Weide, Salweide“. Diese Bäume und Büsche eignen sich vortrefflich zum Räuchern, weil deren getrocknete Holzspäne und Rinde einen leichten Duft mit angenehm süßlich-holziger Note verbreiten.

Das aus dem Substantiv gebildete Adjektiv **gsöicht** wird gern in Verbindung mit anderen Substantiven als Schimpfwort verwendet, zum Beispiel:

Du Aff, du gsöichter!
Du Affe, du geselchter!

Gstànzl: Spaß- oder Spottgesang
Kurzer, meist vierzeiliger, gesungener Reim zum Necken – beispielsweise der Gäste auf einer bairischen Hochzeitsfeier. Das **Gstànzl** hat seine Wurzeln im lateinischen Wort *stare* für „stehen“, im Sinne von „alles, was zum Stehenbleiben reizt“. Es besteht auch eine Verwandtschaft zur italienischen *stanza*, was der schriftdeutschen „Stanze“ entspricht, einer festen Strophenform, bestehend aus acht Versen mit je elf Silben. „Carmina stantia“ waren Lieder, die im Stehen und meist aus dem Stegreif gesungen wurden.

Ein besonderes Talent für die Kunst des **Gstànzlsingens** hatte der berühmte bairische Volkssänger Roider Jackl. Hier eine Kostprobe (wer die dazugehörige, immer gleiche **Gstànzlmelodie** nicht kennt, dem sei vorab das Informationsfüllhorn YouTube in Ton und Bild empfohlen):

Und friàhrà hammà går nix ghabt,
koàne Schuàh und koà Gwand,
aber jetz hammà wieder Leis und Fläh,
oiss durchàrànand.
Und früher haben wir gar nichts gehabt,
keine Schuhe und kein Gewand,
aber jetzt haben wir wieder Läuse und Flöhe,
alles durcheinander.

Gurgl: Kehle, Schlund
Die Römer sagten zu diesem Teil des Halses *gurges, -itis*, das auch „tiefes Wasser, Strudel, Wirbel, Abgrund" bedeutet. Ein Synonym für die **Gurgl** war bei meinem Vater die „Sängerhalle". Diese Bezeichnung bringt zum Ausdruck, dass es sich hier um den Raum (die „Halle") handelt, in der sich die für einen Sänger wichtigen Stimmbänder befinden.

Will der Baier einem Kontrahenten drohen, dann sagt er:

Glei pack i di bei deiner Gurgl/Sängerhalle.
Gleich packe ich dich an deiner Kehle.

Die **Gurgl** ist außerdem ein Schimpfwort für eine unfreundliche, unbeliebte Frau, die man in der Regel als **oide Gurgl** (alte Gurgel) bezeichnet – vermutlich in Anspielung auf den faltigen Hals einer alten Frau. In Abwandlung der früher gebräuchlichen **Bissgurrn** (Bissgurre = bissige Stute, hier: streitsüchtige Frau), deren Herkunft mit der Einführung der Traktoren in der Landwirtschaft in Vergessenheit geriet, sagten manche auch **Bissgurgl**.

Håfà: Hafen, d.h. Kochgefäß, Kochutensil, auch: hässliche Frau
Mit dem standarddeutschen Wort „Hafen", in den Schiffe einlaufen, hat das bairische **Håfà** nichts zu tun, sondern bezeichnet einen Topf in der Küche oder eine, meist größere, Tasse für Tee oder Kaffee. Es kommt von dem lateinischen Verbum *capere* für

„fassen, anfassen, ergreifen". Ein Topf fasst nämlich eine ganz bestimmte Menge, vor allem kann man damit Flüssigkeiten einfassen.

Auch eine nicht besonders schöne Frau ist ein **Håfà**, manchmal sogar ein **schiàchà, wiàschdà** oder **greißligà Håfà** (überaus unansehnlich). Da erfahrungsgemäß auch solche von der Natur benachteiligte Frauen meistens einen Lebensgefährten finden, lautet eine bairische Lebensweisheit:

Jeder Håfà findt sein' Deckl.
Jeder Hafen (Topf) findet seinen Deckel.

Hàx/Hàxe/Hàxn: Bein, Schenkelteil von Schlachttieren
Auch dieses scheinbar urbairische Wort stammt von den Römern. Allerdings bezeichnete das ursprüngliche Wort *coxa, -ae* nicht einen Schenkelteil, sondern die menschliche Hüfte bzw. im eher kulinarischen Sinne ein tierisches „Hüftstück".

Mit **Hàx** benennt der Baier – ganz in der Nachfolge des Römers – nicht nur seinen Fuß, der bei ihm ja bis zur Hüfte geht (schriftdeutsch: Bein), sondern auch die entsprechenden Gliedmaßen von Tieren, die man auf den Speisekarten findet: Neben dem **Schweinshàx** sind hier vor allem der **Kalbshàx**, der **Henàhàx** (Hühnerbein) und der **Surhàx** (Eisbein) zu nennen, die heute alle auch in der weiblichen Form (die **Hàxe/Hàxn**) vorkommen.

Die Kabarettistin Monika Gruber erzählt gern aus ihrer Kindheit, in der man bei ihr zuhause alles **gfressn** (gegessen) hätte, was vier **Hàxn** hatte – außer Möbel.

Bei meiner Großmutter spielte der **Henàhàx** eine wichtige Rolle bei der Behandlung eines Überbeins, also einer Geschwulst an der Hand oder am Fuß. Bei einer solchen Anomalie empfahl meine Oma folgende Vorgehensweise: Man nehme – möglichst bei Vollmond – besagten **Hàx**, wohlgemerkt den Hühnerknochen ohne Fleisch, in die rechte Hand, werfe ihn über die linke Schulter und rufe dabei:

Lumperboà, Schindderboà,
höif mà für mei Überboà.

Lumperbein, Schinderbein,
hilf mir gegen mein Überbein.

Nicht wundern: Während man im Standarddeutschen sagt, dass ein Arzneimittel *gegen* eine bestimmte Krankheit wirkt, spricht der Baier davon, dass es *für* diese Krankheit hilft.

inkommodiern: belästigen
Das Wort bedeutet – wie das lateinische *incommodare* – „beschwerlich sein, stören, lästig fallen". Heute hört man es kaum noch.

Kàmpe: Kamm
Als **Kàmpe** oder **Kàmpl** bezeichnet man nicht nur den Kamm (sowohl zum Kämmen als auch beim Hahn), sondern auch – anerkennend oder leicht abfällig – einen jungen Burschen. Die Herkunft von dem lateinischen Wort *campus, -i* für „Feld, Tummelplatz, Kampfplatz" ist schwer erkennbar, lediglich über den Übermut und die Raufbereitschaft des **Kàmpe**, dem **dà Kàmpe schnoi gschwoid** (der Kamm schnell schwillt, der schnell zornig wird).

Die heutige Bedeutung des Verbums **kàmpen** bzw. **kàmpln** beschränkt sich auf das Kämmen des Haars. Dazu gibt es ein nettes Wortspiel:

Kàmàda, kàmpmà'n kàmpen.
Käme er, könnten wir ihn kämmen.

Manch kinderreiche **Fretter**, der seine große Famile kaum ernähren konnte, sagte:

Wenn 'Kinder nach Brot schrein,
wern s' kàmpet.
Wenn die Kinder nach Brot schreien,
werden sie gekämmt.

Das wird die Kinder zwar abgelenkt haben, war aber keine Lösung für den Hunger der Kleinen. Der Spruch war wohl lustig gemeint, in dieser Situation hungriger Kinder hört sich aber der Spaß auf.

Karrn: Karren

Der **Karrn** geht auf das lateinische Wort *carrus, -i* zurück, das einen vierrädrigen Transport- oder Reisewagen bezeichnet. Der bairische **Karrn** dagegen kann entweder nur ein Rad haben, wie beim **Schubkarrn** oder beim **Mistkarrn**, zwei, drei, die klassischen vier oder auch mehr. Ein Fahrrad, das sich in schlechtem Zustand befindet oder bei dem die Reifen an Schutzblech oder Kette schleifen, ist ein **Schleiferkarrn**. Ein Auto, das oft defekt ist, nennt man abwertend und zu Recht einen **Scheißkarrn,** während ein **Schäwerkarrn** (Schepperkarrn) ein in die Jahre gekommenes Auto oder auch anderes Fahrzeug ist, das deutlich hörbar ständig klappert.

Dazu eine kurze Geschichte aus dem Hofbräuhaus:

> Ein Norddeutscher erzählt im bairischen Wirtshaus voller Stolz von seinen Ländereien in der Heimat, die so groß seien, dass er mit dem Auto drei Tage brauche, um ihre Grenzen abzufahren. Der Münchner, der neben ihm sitzt, meint dazu ganz trocken: „**So àn oidn Schindderkarrn håb i à-r-àmoi ghabt.**" (So einen alten, zerschundenen Karren hatte ich auch einmal.)

Kinihås: Königshase

Im Bairischen nennt man so das Kaninchen, das kleiner ist als ein Stallhase. Für das Wort stand das lateinische Diminutiv *cuniculus, -i* Pate, das auch bereits bei den Römern das Kaninchen bezeichnete.

Kaut jemand lustlos an seinem Essen herum, kommentiert man das mit dem Satz:

Der beißt hi wià-r-à Kinihås.
Der kaut lange hin wie ein Kaninchen.

klaum: klauben

Dieses Verbum bedeutet „mit den Fingern sammeln, aufsammeln". Die Kartoffelernte nannte man deshalb früher **Kadoffe klaum** (Kartoffeln klauben). Das zugrunde liegende lateinische Wort ist *glubere,* das mit „abschälen, herausschälen" übersetzt wird. Zu römischen Zeiten wurde nämlich gleichzeitig mit dem Aufklauben der geernteten Früchte auch deren Schale entfernt. Kartoffeln gab es allerdings zur Zeit der Römer noch nicht.

Bei einer Maikäfer-Invasion mussten früher die Kinder auch die Maikäfer **åbklaum** (abklauben, aufsammeln). Einer Frau, die sich Gerüchten zufolge schon mit einer größeren Zahl von Männern eingelassen hatte, traute man nicht zu, noch einen ehrbaren Ehemann zu finden. Deshalb sagte man über sie: **„Wer måg denn so à Åbklaubte no?“** (Wer mag denn so eine Abgeklaubte (Abgeerntete) noch?)

Kopràtter: Kooperator

Die lateinische Wurzel heißt *cooperator*, zu Deutsch „Mitarbeiter“. Ein **Kopràtter** war früher ein junger katholischer Priester, der unter der Leitung des örtlichen Pfarrers bei der Wahrnehmung des pastoralen Dienstes in einer Pfarrei mitwirkte. Nachdem der **Kopràtter** vor allem Erfahrung für seine spätere selbstständige Priestertätigkeit sammeln musste, nannte man ihn bei uns auch **Pfarrer-Lehrbuà** (Pfarrer-Lehrbub). Heute heißt diese Funktion „Kaplan“.

Eine regionale Besonderheit ist der **Kopràtter-Håwern** (Kooperator-Hafer), ein Synonym für den Pfeffer. Während man Pferden nahrhaften Hafer gibt, damit sie mit viel Energie die erforderliche Leistung bringen, bekommt der **Kopràtter** eine Dosis Pfeffer, die zwar nicht nahrhaft ist, aber ebenfalls dafür sorgt, dass der Konsument in Schwung kommt. Aufgrund der Schärfe des Pfeffers hat der Begriff dazu noch eine erotische Komponente.

Kloster

ist zwar kein speziell bairisches Wort, ich will es aber deshalb erwähnen, weil es im katholischen Baiern sehr viele Klöster gibt. Es geht auf das lateinische *claudere* zurück, das „verschließen, einschließen, ein-, absperren“ bedeutet. Das dazugehörige Nomen *claustra, -orum* bedeutet „Riegel, Schloss“.

Patres und Klosterschwestern waren auch in früheren Zeiten keineswegs eingesperrt, sie durften das Kloster des Öfteren verlassen. Zum Beispiel, um für die Gläubigen außerhalb der Klostermauern Gutes zu tun. Dazu eine kleine Geschichte:

In einem Nonnenkloster mit lauter braven Schwestern war wieder einmal etwas vom Mittagessen übriggeblieben. Da bat die Oberin die Schwester Anna, sie solle doch das übriggebliebene Essen zu den Armen im Dorf bringen. Aber nur fromme Leute solle sie bedenken.

Als die Schwester Anna an einer Baustelle vorbeikommt und sieht, wie schwer die Männer dort arbeiten müssen, denkt sie, die hätten ihr Essen verdient. Um sicher zu sein, dass es sich um fromme Menschen handelt, fragt sie einen der Bauarbeiter: „Kennen Sie den Pontius Pilatus?“

Der zuckt mit den Achseln: **„Nàà, kenn i net, aber wartn S’.“** (Nein, den kenne ich nicht, aber warten Sie kurz.) Dann schreit er zu seinem Kollegen auf dem Gerüst hinauf: **„Du, Sepp, kennst du àn Pontius Pilatus?“** Drauf der Sepp: **„Nàà, warum?“** Antwort: **„Sei Oide wààr då und dààt eàm à Brotzeit bringà.“** (Seine Frau wäre da und würde ihm eine Brotzeit bringen.)

Krätzn: Korb

Auf einem Bauernhof benötigt man für unterschiedliche Zwecke Behälter verschiedener Größe und Bauart. Einer davon ist der **Krätzn**, ein geflochtener Korb in unterschiedlichen Formen, den schon die Römer kannten und ihn lateinisch *crates, -is* (Geflecht) nannten.

Lachà, Lackà: Lache

lacus nannten die Römer sowohl den See als auch den Teich. Im Bairischen bezeichnet man damit die noch kleinere Einheit, nämlich die Lache, die Pfütze. Ist die darin enthaltene Flüssigkeit schmutzig, handelt es sich um eine **Dreeglachà** (Drecklache). Zur „Freude“ ihrer Mutter hüpfen meine Enkel mit Begeisterung in jede sich bietende **Dreeglachà**.

Lattirl: Pantoffelheld

So heißt in Baiern ein unselbstständiger, tölpelhafter Mann, ein Schlappschwanz, Pantoffelheld oder ein Trottel. Der Ursprung des Wortes ist das lateinische *Latinulus*, das Diminutiv von *Latinus*, dem Bewohner von Latium, der ländlichen Umgebung der Stadt Rom. Die Römer benutzten Verkleinerungsformen gerne, um andere – hier die bäuerlichen Latiner – herabzusetzen und lächerlich zu machen.

Über den unselbstständigen Ehemann ihrer herrischen Nachbarin, der sich alles gefallen ließ, sagten meine Eltern:

Des is à so à Lattirl.
Das ist so ein Schlappschwanz.

Malefiz-: Vorsilbe für „verflucht"
Das Wort ist der erste Teil variantenreich zusammengesetzter Schimpfwörter in der Bedeutung „verflucht". Es geht zurück auf das lateinische Verbum *malefacere*, das „Böses tun" bedeutet. So ist ein **Malefizglump** eine Sache, die unerwartet schnell kaputt gegangen ist oder grundsätzlich nicht funktioniert, ein **Malefizdeàndl** ist ein ungehorsames Mädchen, ein **Malefizdepp** ist jemand, der aufgrund seiner Dummheit einen unverzeihlichen Fehler begangen hat.

Mass: 1 Liter
Die bairische Maßeinheit für einen Liter (1 l) Bier ist die **Mass** (kurzes a!). Davon zu unterscheiden ist das (schriftdeutsche) Maß (langes a!), zum Beispiel das Längenmaß, das es auch im Bairischen als **Mååß** (langes, dunkles a!) gibt. Beide Wörter haben dieselbe Wurzel, nämlich das lateinische *modus, -i* (Maß, Maßeinheit, Menge).

Wenn man sich in Norddeutschland eine **Mass** Bier bestellt, wird sie gern mit folgenden Worten serviert: „Hier ist Ihr Maaß Bier." Zugewanderten **Breißn** muss man oft mühsam beibringen, dass man in Baiern nicht „ein Maaß", sondern eine **Mass** bestellt.

Menàd, Menert: Zugtiergespann
Das zugrunde liegende lateinische Verbum *menare* heißt „führen". Damit Zugtiere ihre Aufgaben sachgerecht erfüllen, müssen sie geführt werden. Mit dem Ersatz der Pferde durch Traktoren in der Landwirtschaft ist dieses Wort sehr selten geworden.

Mess: Messe
Ebenfalls kein speziell bairischer Begriff (s. Kloster), jedoch ist die **Mess** Bestandteil einiger zutiefst bairischer Redewendungen. Nach der Heiligen Messe werden die Gläubigen vom Priester mit den lateinischen Worten *„ite, missa est“* (wörtlich: „Gehet, es ist Entlassung“, frei übersetzt: „Gehet, ihr seid gesandt“) aus der Kirche entlassen. Dem Wort **Mess** liegt dieses *missa* zugrunde.

Nachdem eine Heilige Messe für die Gläubigen ein bedeutendes Ereignis ist und die Zusammenkunft vieler Personen bedeutet, hat man diese Bezeichnung auf wichtige weltliche Veranstaltungen übertragen, zum Beispiel die Frankfurter Buchmesse und viele andere Verkaufs- und Ausstellungsmessen.

Ist eine Angelegenheit abschließend erledigt, dann **is b’Mess glesen** (ist die Messe zu Ende gelesen). Die gleiche Bedeutung hat die Wendung: **Dann is dà Kàs bissn.** (Dann ist der Käse gebissen.) Wenn man sich dagegen noch Chancen ausrechnet, weil noch Gelegenheit für einen günstigeren Ausgang besteht, dann **is b’Mess no lang net glesn** (ist die Messe noch lange nicht gelesen).

Mettn: Mette
Mettn ist die bairische Kurzform für die Christmette, den spätabendlichen, früher mitternächtlichen Weihnachtsgottesdienst. Der Ursprung liegt in der kirchenlateinischen *matutina (hora)* für „morgendliche (Stunde)“. Das geht zurück auf die Zeit der **Pumpermettn**, als die Gemeinde beim frühmorgendlichen Ostergottesdienst durch Klopfen auf die Kirchenbänke Lärm schlug. Eine **Mettn** ist seither außerdem die Bezeichnung für „Lärm, Krach, Krawall“. Sind die Kinder besonders laut, schreit der bairische Vater: „**Machts net so à Mettn!**“ (Macht nicht so einen Krach!)

miseràblig: miserabel, elend, schlecht, auch: unverschämt, durchtrieben
Das zugrunde liegende lateinische *miserabilis* wird mit „beklagenswert, jämmerlich“ übersetzt und hat sich, wie man sieht, bis heute kaum verändert. Das Adjektiv wird meistens in Verbindung mit einem Schimpfwort verwendet, zum Beispiel für einen besonders frechen Buben:

Hundgrippe, miseràbliger!
Hundskrüppel, elender!

Moàr: Meier
Es handelt sich um die bairische Aussprache des Namens sowie der einstigen Berufsbezeichnung „Meier“, von lateinisch *maior* für „größer, älter“. Der Verwalter eines Guts, d.h. der Oberste unter den Angestellten eines Adligen oder kirchlichen Würdenträgers mit entsprechendem Besitz, wurde „Meier“ genannt. Heute bedeutet das bairische Wort „der Erste, der Beste, der Chef“. Eine Gruppe unter einem **Moàr**, zum Beispiel eine Mannschaft beim Eisstockschießen, ist eine **Moàrschaft**.

Um seine Führungsrolle zu untermauern, sagt so mancher:

Dà Moàr då herin bin oiwei no i!
Der Chef da herinnen (im Haus oder in der Firma)
bin immer noch ich!

Moin: Molle (schriftbairisch)
Das Wort kommt von dem lateinischen Adjektiv *mollis*, das „weich, mild, sanft“ bedeutet. Der Begriff wird sowohl für das Weiche in Brot und Semmel als auch für eine korpulente Frau mit deutlich sichtbaren weichen Fettpolstern verwendet. Eine solche Person ist aufgrund ihres Gewichts in der Regel behäbig und träge, weshalb sie auch unter **fàde Moin** bekannt ist.

Mit dem norddeutschen Gruß „Moin!“ bzw. „Moin Moin!“ hat die bairische **Moin** nichts zu tun.

Oidà, Oide, der/Oide, die: der oder die Alte
Das lateinische Grundwort hierzu ist *altus, -a, -um*, das „hoch, erhaben, stolz“ bedeutet. Der Chef wurde früher meistens der **Oide** genannt. Beim Schafkopfspiel ist der Eichel-Ober nicht nur eine hohe Karte, sondern sogar der höchste Trumpf. Auch er heißt deshalb der **Oide**. Aus demselben Grund heißt die **Eichel-Sau** (Eichel Ass), die höchste Farbkarte, die **Oide**.

Will man zum Ausdruck bringen, dass ein Mann schon sehr alt ist, sagt man:

Der is oità wià dà Böhmerwoid,
und der is scho zwoàmoi åbghoizt worn.
Der ist älter als der Böhmerwald,
und der wurde schon zweimal abgeholzt.

Ehemann und Ehefrau bezeichneten sich früher als **mei Oider** (mein Alter) bzw. **mei Oide** (meine Alte), was ursprünglich anerkennend bedeutete, dass der jeweils Andere als der oder die Hohe bzw. Höhere angesehen wurde. Kam unerwünschter Besuch für den nicht anwesenden Ehemann, sagte die barsche bairische Hausfrau früher:

Brauchts går koàn Dreeg ned reitrång,
mei Oidà is net dahoàm.
Es macht keinen Sinn, dass ihr hereinkommt und
Dreck hereintragt, mein Mann ist nicht zuhause.

Heute nimmt man den Ausdruck **Oidà/Oide** wörtlich. Die Erwähnung des Alters gilt aber – vor allem bei Frauen – inzwischen als ausgesprochen unhöflich. Deshalb wagt es kaum noch jemand, seinen Partner bzw. die Partnerin so zu „titulieren".

Oitanà: Altane
So nannte man früher die meistens auf der Sonnenseite eines Hauses vor einem der oberen Stockwerke angebrachte Plattform, den heutigen Balkon, und auch den äußeren Umgang um ein oberes Stockwerk eines stattlichen Bauernhauses. Auch diese alte Bezeichnung geht auf das lateinische *altus, -a, -um* (hoch) zurück, weil die **Oitanà** sich immer über dem Erdgeschoß, also oben befand. Über eine nicht besonders arbeitsame Verwandte lästerten meine Eltern:

De is so fei, de hockt oiwà dà Oitanà dram.
Die ist so faul, die sitzt ständig auf dem Balkon.

okentn: anzünden
Auch das lateinische Ausgangswort *accendere* bedeutet „anzünden". Die ursprüngliche Aussprache der Römer „akendere" hat

sich im bairischen **okentn** erhalten, während im übrigen deutschen Sprachraum zunächst „azendere“ und dann „anzünden“ daraus wurde.

Eine andere Theorie weist den Ursprung des Worts den Germanen zu, weil es zum Beispiel im Englischen *to kindle* für „entzünden“ oder *candle* für „Kerze“ gibt. Es wäre vorstellbar, dass sich die beiden Wörter unabhängig voneinander aus zwei getrennten Ursprüngen entwickelt haben und zu einem gemeinsamen Wort verschmolzen sind.

Pferch: Umzäunung
Bereits bei den Römern war es üblich, die Nutztiere durch Umzäunungen, lateinisch *parricus, -i,* zu sichern.

Wenn in der Urlaubssaison wieder besonders viele gelbe Nummernschilder (Holländer) auf den deutschen Autobahnen zu sehen sind, sagt der Baier:

> **Auweh, jetz ham s' àn Pferch wieder aufgmacht.**
> Oje, jetzt hat man die Umzäunung wieder geöffnet.

Pfister: Bäcker
Das Wort kommt von dem lateinischen *pistor, -oris* und war früher eine Bezeichnung für den Bäcker. Heute kommt es fast nur noch in Familiennamen vor oder bei der „Münchner Hofpfisterei“ (Bäckerei, die früher für den bayerischen Regenten backte und dessen Hof belieferte) und – ausnahmsweise im Zusammenhang mit Brotprodukten – als deren „Pfister-Brot“.

plärrn: plärren, schreien, weinen
Das ursprüngliche lateinische Verb *plorare* hatte bereits die heutige Bedeutung, nämlich „laut schreien, weinen, jammern“. Das gilt auch für das französische *pleurer*.

Ein Mann mit einem besonders lauten Sprechorgan oder einer, der oft besonders laut herumschimpft, ist in Baiern **à plärràdà Stier** (ein plärrender Stier). Das dazugehörige Sustantiv ist die **Plärrerei**.

Kürzlich erlebte ich einen Vierjährigen, der von seinem einjährigen Bruder durch unablässiges lautes Schreien genervt wurde, was den Großen zu der Bemerkung veranlasste: **„Dei Plärrerei nutzt dir gar nix!“** (Dein Geschrei nützt dir gar nichts!)

pràtzln: betrügen, übervorteilen
Dieses Wort kommt von dem lateinischen *bracchium* für „Arm“, gesprochen erst „brakium“, dann „brazium“, was übrigens auch der Ursprung der bairischen **Pratzn** (Hand) ist.

Reicht jemand seine **Pratzn** zu einem Vertrag, bei dem er übers Ohr gehauen wurde, dann **ham s' n bràtzld** (haben sie ihn betrogen). Ist der Schaden groß, dann **ham s' n gscheit bràtzld**. Im Falle eines noch größeren Verlusts **is mà bschissn worn**. Dieses Wort kommt aber nicht aus dem Lateinischen.

Progråder: Prokurator
Diese Bezeichnung für den Hochzeitslader und Organisator der bäuerlichen Hochzeitsfeier ist in weiten Teilen von Ober- und Niederbayern gebräuchlich. Sie geht angeblich auf das lateinische *progredi* für „vorangehen, auf dem Vormarsch sein“ zurück. Der Hochzeitslader führt nämlich den Hochzeitszug zur Kirche an. Ich halte es allerdings für wahrscheinlicher, dass es sich hier um die bairische Aussprache des lateinischen Worts *procurator* für „verantwortlicher Verwalter“ handelt. Der **Progråder** ist nämlich für die Planung und das Gelingen der Hochzeitsfeier verantwortlich. Und schließlich hat es ja auch der *cooperator* als **Kopràtter** ins Bairische geschafft.

Quàrtl: Viertel
Das **Quàrtl** kommt wie die Einheit **Mass** (1 Liter) aus dem Lateinischen, und zwar von *pars quarta* (der vierte Teil). Es kommt vor allem beim Bier zur Anwendung und meint hier einen Viertelliter. Einen armen **Austràgler** (Austragsbauer) oder Rentner, der sich keine ganze **Mass** leisten konnte, nannte man früher verächtlich einen **Drei-Quartl-Privatier**.

Bestellt ein Mann im bairischen Wirtshaus ein **Quartl** Bier, muss er damit rechnen, dass die Bedienung antwortet: **„Aber Spuisachàn hammà fei net.“** (Spielsachen haben wir aber nicht.)

Nahezu die gleiche Menge Bier erhält man, wenn man am Schluss des Wirtshausbesuchs noch einen **Pfief** (Pfiff) bestellt.

Diesem Wunsch wird die Kellnerin gern und ohne negative Bemerkung nachkommen, weil der **Pfief** immer zusätzlich zu einer vorzeigbaren Zeche bestellt wird.

Ràdi: Rettich

Die lateinische Urform für den **Ràdi**, ein bekanntes Wurzelgemüse, lautet *radix, -icis* – auch sie bedeutete bereits „Wurzel". Der schriftdeutsche Rettich geht ebenfalls auf diesen lateinischen Ursprung zurück.

Die Kunst des **Ràdischneidens** oblag früher den Männern – im Gegensatz zu allen anderen Aufgaben in der Küche, die der Hausfrau vorbehalten waren. Mein Vater verwendete dafür sein stets scharf geschliffenes **Schnàcklmesser** (Taschenmesser). Vielleicht war die Verwendung dieses „gefährlichen" Werkzeugs der Grund dafür, diese Arbeit den Männern zu überlassen.

Eine besondere Kunst war es, den **Ràdi** wie eine Ziehharmonika zu schneiden. Dabei wurde er von zwei Seiten jeweils schräg in dünne Scheiben ein- (nicht durch-!) geschnitten, so dass man ihn wie ein Akkordeon auseinanderziehen und wieder zusammenschieben konnte. So konnte das Salz beim anschließenden Einsalzen besser in den **Ràdi** eindringen. Die andere, mehr archaische Form des **Ràdischneidens** waren die **Dachlatten**. Dabei wurde der **Ràdi** vom Strunk zur Wurzel hin in relativ dicke Scheiben (ein-)geschnitten, so dass auch hier die vollständige Form des **Ràdi** erhalten blieb.

Ràdi nannten die Fans des TSV 1860 München auch liebevoll den Torhüter der Meistermannschaft von 1966, aber nicht, weil er feste Wurzeln in München geschlagen hatte, sondern weil er Radenkovic hieß.

rànzig, rànzlig: süßsäuerlich riechend

Auch das fast gleich lautende lateinische *rancidus* bedeutete „stinkend, ranzig". Ein netter Spruch zum 40. Geburtstag lautet:

Liàwà vierzge und würzig
ois wià zwanzge und rànzig.
Lieber vierzig und würzig
als zwanzig und ranzig.

Ruàm: Rübe
Die Rübe kannten auch die alten Römer, sie nannten sie *rapum, -i*. Ob es bei ihnen auch schon eine **gscherte Ruàm** (*rapum rasum*) gab, ist nicht überliefert, aber stark zu vermuten, schon wegen der auffälligen Alliteration. Interessant ist hierzu folgender Vers:

Wià der Bauer, so de Ruàm,
Wià der Vatter, so de Buàm.
Wie der Bauer, so die Rüben,
Wie Vater, so die Buben.

Das heißt: Wenn sich der Bauer um das Gedeihen seiner Rüben kümmert, kann er eine gute Ernte erwarten. Und wenn er seine Kinder gut erzieht, wird er auch hier mit wohlgeratenem Nachwuchs belohnt werden. Oder wie man außerhalb Baierns sagt: Der Apfel fällt nicht weit vom Stamm.

Sau: Schwein
Das Schwein als Nutztier haben in Baiern die Römer eingeführt. Deshalb stammt auch die Bezeichnung dafür von ihnen: *sus, suis* war der lateinische Name für sowohl männliche wie weibliche Schweine. Das im bäuerlichen Baiern heute noch vorrangig für beide Geschlechter verwendete **Sau** liegt somit näher am lateinischen Ursprung als am Schriftdeutschen, bei dem die Sau ausschließlich weibliche Schweine bezeichnet.

Sau wird auch als Schimpfwort verwendet, insbesondere für eine Person, die sich schmutzig gemacht hat.

> Rudi und seine Frau Eva setzen sich zum Abendessen an den Tisch. Es gibt Spaghetti mit Tomatensoße. Bekanntermaßen ist das Essen dieses Gerichts eine gefahrgeneigte Tätigkeit. Schon nach wenigen Minuten ist es passiert – Eva hat sich angekleckert und schreit: **„Ja, schaug àmoi her, i schaug ja aus wià-r-à Sau!“** (Ja, schau mal her, ich sehe ja aus wie ein Schwein!) Rudi kann das nur bestätigen: **„Ja, und otrenzt håst di àà no.“** (Ja, und angekleckert hast du dich auch noch.)

Die Ass, die höchste Karte, wird im bairischen Kartenspiel ebenfalls als **Sau** bezeichnet. Das geht wohl auf die **Schellnsau**-Karte zurück, auf der ein Wildschwein abgebildet ist.

Schàffe: Schaff, hölzernes Gefäß
Ein **Schàffe** ist ein oben offenes, rundes oder ovales Holzgefäß zur Aufnahme von Flüssigkeiten – bei den Römern vorzugsweise Wein oder Wasser. Das Wort kommt vom lateinischen *scapha, -ae,* das „Kahn, Boot“ bedeutet; auch Boote und Kähne sind aus Holz und oben offen. Der Handwerker, der die **Schàffe** produziert, ist der **Schàffler** (Schäffler). Heute kennt man das **Schàffe** vor allem als Gefäß für den Saunaaufguss.

Stellt eine Aufgabe hohe Ansprüche an das Denkvermögen, kommentiert man das mit dem Satz:

Då brauchst ja à Hirn wià-r-à Wasserschàffe.
Da brauchst du ja ein Gehirn so groß wie ein Wasserschaff.

Schàmmàl: kleiner Hocker
Scamnum, i heißt im Lateinischen die Bank, *scamillus* die kleine Bank. Die Römer kannten ja den Stuhl noch nicht, sondern sind auf einem *scamillus,* einer lehnenlosen Bank, bei Tisch gelegen (bzw. auf einer Ruheliege, der *cline,* daher auch der Name des römischen Esszimmers: *triclinium*). Daraus hat sich das **Schammàl** als bairisches Diminutiv zum schriftdeutschen Wort „Schemel“ entwickelt. Es bedeutet „kleiner, niedriger Hocker“ oder „Fußschemel“. Eine andere Bezeichnung dafür ist das **Stiàdàl** bzw. **Stiàlà** (Stühlchen).

schäps: schief, auch: verzogen, nicht geradlinig
Dieses Wort geht auf das lateinische *scaevus, -a, -um* zurück, das mit „links“ oder „linkisch, ungeschickt, ungünstig“, manchmal auch mit „schräg“ übersetzt wird.

Minderwertiges Dünnbier oder Bier, das etwas „schräg“, also nicht gut schmeckt, nennt der Baier ebenfalls **Schäps**. Im Wirtshaus beschwerte man sich früher beim Wirt gegebenenfalls mit dem Spruch:

Dein' Schäps konnst soiwà saufà!
Dein schlechtes Bier kannst du selbst trinken!

Das **Schäps**-Eisen zum Entrinden von Bäumen heißt angeblich so, weil seine Schneide nicht geradlinig, sondern konkav gebogen ist, vielleicht auch, weil man es beim Schäpsen schräg hält. Ich vermute eher, dass die Bezeichnung vom Vorgang des „Schabens" kommt.

Scherzl: Randstück
Für den Anschnitt und das Endstück eines Brotlaibs hatten bereits die Römer einen speziellen Ausdruck: *cortex, -icis,* was wörtlich „abgeschnittene Rinde" bedeutet, mit *curtus, -a, -um* (verkürzt, verstümmelt) verwandt ist und sich zum bairischen **Scherzl** weiterentwickelt hat.

Mit diesem Wort bezeichnet man auch den wohlschmeckenden und daher begehrten Anschnitt und das Endstück eines Leberkäs-Laibs. Einmal überraschte mich meine dreijährige Enkelin, als wir gemeinsam Leberkäs aßen und sie ganz unerwartet anfing zu singen: „**Leberkàs, Leberkàs**, du passt so gut zu mir." In der Nachkriegszeit hatte es ein Lied mit diesem Text gegeben, das ihr zweiter Opa offensichtlich noch gekannt und ihr vorgesungen hatte.

Weil wir gerade beim Endstück sind: Da fällt mir eine Anekdote ein, die mir ein Schulfreund erzählt hat. Er war auf eine Hochzeitsfeier eingeladen, bei der man am Buffett bedient wurde. An der Ausgabe des Bratens wurde er gefragt, ob er lieber ein knuspriges Randstück oder ein saftiges Mittelstück hätte, worauf er schlagfertig antwortete: „**À, wissen S' wås – geem S' mà von jedem oàns.**" (Ach, wissen Sie was – geben Sie mir von jedem eines.)

Schrauf: Schraube
<u>Die</u> standarddeutsche Schraube heißt in Altbayern <u>der</u> **Schrauf**. Die Bezeichnung kommt von *scrofa, -ae,* dem lateinischen Wort für das zur Zucht verwendete Mutterschwein, was damit erklärt wird, dass ein Schraubengewinde wie das geringelte Schwänzchen eines Schweins aussieht. Es handelt sich hier um eines der

vielen Wörter, die im Bairischen ein anderes Geschlecht als im Standarddeutschen haben (vgl. Kapitel „Bairische Sprach-Schmànkerl: Das andere Geschlecht – der Genuswechsel").

Semmel: Kleingebäck
In Deutschland kommen nördlich der Limes-Grenze in der Regel Brötchen auf den Frühstückstisch, in Baiern und Österreich sind es dagegen **Semmeln**. Das hat folgende Ursache: Als die Römer das Land zwischen Donau und Alpen erobert hatten, erkannten sie bald, dass die teils guten Böden und das Klima den bei ihnen bereits bekannten Weizen gut gedeihen ließen. Sie bauten ihn daher anstelle des zuvor in Rätien und Noricum üblichen, gröberen Roggens an und gewannen daraus feinstes Weizenmehl, das sie *simila* nannten. Dieses Wort entwickelte sich zu *semala* weiter, das „Weizenbrot" bzw. „weißes Brot" bedeutete und uns zwanglos zu unserer heutigen **Semmel** führt. In Franken sagt man zu einer kleinen Semmel immer noch „à Semmàlà".

Die **Semmel** war über Jahrhunderte ein weißes Weizengebäck. Erst in jüngster Zeit kamen Bäcker auf die Idee, Gebäck von der Größe einer **Semmel** auch aus dunklem bzw. Vollkornmehl herzustellen. Die „Vollkornsemmel" war geboren – weil der Zusammenhang zwischen weißem Mehl und der Bezeichnung **Semmel** in Vergessenheit geraten war.

Einige meiner Schulkameraden besuchten während unserer Gymnasialzeit einmal die Gaststätte „Wienerwald" in Dachau. Sie waren in einem Alter, in dem man immer Hunger, aber wenig Geld hat, und bestellten gemeinsam eine Mass Bier. Dazu machten sie sich sogleich über das auf dem Tisch stehende Brotkörbchen her, das mit frischen **Semmeln** gefüllt war. Nachdem sie das Körbchen geleert hatten, holten sie das vom Nachbartisch zu sich und aßen es auch noch leer. Als sie ihr gemeinsames Bier und die **Semmeln** bezahlt hatten, verabschiedete sie die Kellnerin mit den Worten:

Pfiàt eich, Buàm, und wennts àmoi wieder àn Durscht habts, nachà gehts zum Bäcker."
Behüt euch Gott, Buben, und wenn ihr wieder einmal Durst habt, dann geht doch zum Bäcker.

Eine Sonderform der **Semmel** ist das „Riemische Weckerl", auch „Römisches Weckerl" genannt. Es besteht aus feinem Roggenmehl und ist heute nur noch unter **Semmel**-Spezialisten bekannt.

Zu denen gehört auch der Protagonist einer Erzählung des unvergesslichen Weiß Ferdl – ein Finanzbeamter, der Herr Oberinspektor Burgmeier:

> Der Herr Oberinspektor kaufte jeden Tag beim Bäcker Karl ein Riemisches Weckerl.
> Eines Tages sah ihn der Bäcker vorbeigehen, ohne dass er auch nur nach den Weckerl geschaut hätte, und fragte ganz verwundert: „**Herr Oberinspektor, nehmà S' heit koà Weckerl net mit?**" (Nehmen Sie heute kein Brötchen mit?)
> „Nein, Herr Karl, ich habe eben bemerkt, dass ich meinen Geldbeutel vergessen habe."
> „Aber des macht doch gar nix, dann zahln Sie's halt morgen."
> Der überaus korrekte Herr Burgmeier hatte aber einen guten Grund für sein Vorgehen: „Ja, Herr Karl, wenn ich aber über Nacht sterbe, was dann?"
> „Na, und wenn", meinte der Bäcker voller Güte: „**Nachà is àà net vui hi.**" (Dann ist auch nicht viel kaputt.)

Beim Thema **Semmel** sollte man auch das einfache Kinderspiel **Semmeschaung** (Semmelschauen) erwähnen, bei dem sich zwei Spieler gegenübersitzen und einander ins Gesicht schauen. Wer als Erster lacht, hat verloren. Grimassen schneiden ist erlaubt, nur die Zähne darf man nicht zeigen. Das kann ein Riesenspaß sein und man wundert sich dabei oft, zu welch unglaublichen Gesichtszügen manche Teilnehmer in der Lage sind. Die Grundidee dieses Spiels liegt auch der modernen Produktion „LOL: Last One Laughing – Wer lacht, der fliegt" zugrunde.

Schindel: Material zur Dacheindeckung und Fassadenverkleidung Die Römer hatten dafür das Wort *scindula, ae*.

Unterhalten sich Erwachsene über etwas, das die anwesenden Kinder oder andere Lauscher nicht mithören sollen, so warnt man die Anwesenden mit dem Spruch:

Obacht, sàn Schindln aufn Dach!
Vorsicht, es gibt hier unberufene Zuhörer!

Semft: Senf
Zum Senf bzw. Mostrich sagt der Baier **Semft**. Und obwohl der Senf etwas sehr Weiches ist, trägt er im Bairischen am Ende ein hartes „t“, dessen Herkunft mir bisher niemand erklären konnte. Dieses besondere Würzmittel, das wir auch aus dem Gleichnis vom Senfkorn aus der Bibel kennen, war natürlich den alten Römern bereits ein willkommener Aromatisierer von Speisen. Sie nannten den Senf *sinapis, -is* und brachten ihn mit nach Baiern. Den Spruch

Du brauchst net überoi dein' Semft dàzuàgeem.
Du musst nicht überall deinen Senf – deinen Kommentar – dazugeben.

hat es in Baiern womöglich schon zur Zeit der römischen Besatzung vor rund 2.000 Jahren gegeben und nicht erst, seit die **Breißn** hier in großer Zahl eingewandert sind. Aber seitdem hört man ihn von den Baiern immer öfter.

Servus: freundschaftlicher Gruß, Hallo
Das Wort ist lateinischen Ursprungs und bedeutet wörtlich „Diener“. Grüßte der Baier jemanden auf diese Weise, so brachte er damit ursprünglich eine gewisse höflich-respektvolle Unterwürfigkeit zum Ausdruck: „Wie kann ich dienen?“

Heute gilt das **Servus** als burschikoser, freundschaftlicher Gruß, der sich nur für vertraute Personen eignet. Gegenüber Personen, die man siezt, passt er nicht. Benutzt man ihn trotzdem, muss man damit rechnen, dass der so Angesprochene antwortet:

I konn me net erinnern, dass mir zwoà scho àmoi mitànand Sau ghiàtt hättn.

Ich kann mich nicht erinnern, dass wir beide schon einmal gemeinsam Schweine gehütet hätten.

Beim Schweinehüten war es sicher üblich, sich zu duzen.

Spezi, Spezl: guter Freund
Der römische Ausdruck für einen besonders guten, eng vertrauten Freund war *amicus specialis*, wörtlich: „spezieller Freund". Nachdem der Baier bekanntermaßen nicht viel redet, verkürzte er das zweite Wort und ließ das erste ganz weg.

Spietz, der: Spitze, die
Hier standen die lateinischen Wörter um den Wortstamm *spic-* (z. B. *spicus, -i, spiculum, -i*) Pate. Sie beschreiben alles, was eine Spitze besitzt: Lanzenspitze, Pfeilspitze, Spieß, Stachel bis hin zur Ähre, die sich an der Spitze der Getreidepflanze befindet. Von der sprachlichen Geschlechtsumwandlung (der **Spietz** – die Spitze) waren übrigens auch die entsprechend bezeichneten bayerischen Berge betroffen. So hieß die Zugspitze bis ins 19. Jahrhundert noch der **Zugspietz**.

Wichtig sind in Baiern auch zwei weitere Bedeutungen des Worts: Ein Tritt mit der Fußspitze in den Allerwertesten des Gegners ist ein **Spietz** und die dritthöchste Karte beim bairischen Kartenspiel **Wàttn** – nach **Màx** und **Belle** – trägt in manchen Regionen den gleichen Namen.

Tafernwirtschaft: Gastwirtschaft mit Herberge
Früher gab es viele Gaststätten mit dieser Bezeichnung, gelegentlich findet man sie auch heute noch. Obwohl es meistens die Wirte selbst schon nicht mehr wissen: In einer **Tafernwirtschaft** gab es nicht nur etwas zu essen und zu trinken, sondern man konnte dort auch übernachten.

Das Wort **Tafern** kommt von dem lateinischen *taberna, ae*, das im römischen Atriumhaus die der Straße zugewandten Räume rechts und/oder links der Eingangstür bezeichnete. Diese Räume wurden je nach Bedarf des Hausbesitzers als Gästezimmer, als Werkstatt, als Laden oder als Kneipe genutzt.

Eng verwandt mit *taberna* ist der Tabernakel, das kleine

Schränkchen am Altar, in dem in katholischen Kirchen das Allerheiligste aufbewahrt wird. Böse Zungen behaupten, dass diese Bezeichnung auch etwas damit zu tun habe, dass manche Priester ihren Messwein – immer Weißwein, den man kühl trinkt – dort deponiert und gelegentlich auch außerhalb der Messfeier konsumiert haben sollen: Der Tabernakel als kleine Taverne ...

Die Kleiderwahl einer Frau, die dank eines großzügigen Ausschnitts einen tiefen Blick in ihr Dekolleté ermöglichte, kommentierte der Baier früher mit den Worten:

De håt à-n offene Tafern.
Die hat ein offenes Gasthaus.

Wampm: dicker Bauch
In Baiern auch **Ranzn** genannt. Die **Wampm** leitet sich von dem lateinischen *pantex, -icis* her, das mit „Wanst", im Plural mit „Gedärme" übersetzt wird.

Wer nur ein kleines Bäuchlein besitzt, der hat ein **Wàmpàl** (Wamperl). Wer dagegen einen großen, dicken Bauch vor sich herträgt, ist ein **Gwampàdà** *(*Gewamperter). Will man ihn beleidigen, nennt man ihn eine **gwamperte Sau**. Männer mit einer solchen Figur sind darauf meistens sehr stolz und sehen mitleidig auf zaundürre Geschlechtsgenossen herab, die sie geringschätzig **Grischbàl** (Krisperl) oder **Mågermuichgribbe** (Magermilchkrüppel) nennen. Über solch flachbäuchige Zeitgenossen sagen sie auch gern:

À Mo ohne Bauch is à Gribbe.
Ein Mann ohne Bauch ist ein Krüppel.

Dass allerdings so eine **Wampm** gelegentlich hinderlich sein kann, zeigt folgender bairischer Spruch über die Kampenwand, einen Berg in den Chiemgauer Bergen:

I gàngàd gern auf 'Kampenwand,
Wann i mit meiner Wampm kànnt.
Ich ginge gerne auf die Kampenwand,
Wenn ich mit meinem dicken Bauch nur könnte.

Wia!: Los!
Hier handelt es sich um den Befehl an die Zugtiere, sich in Bewegung zu setzen.

Auch die Römer haben angeblich bereits dieses Wort im gleichen Sinn verwendet. Im Lateinischen heißt es *via, -ae*, zu Deutsch „der Weg“, es bedeutet also: Mach dich auf den Weg, los, auf geht‘s. Ich habe allerdings gewisse Zweifel an dieser Erklärung, sie scheint mir etwas schlicht zu sein.

Der Befehl zum Stehenbleiben lautet übrigens: „Brrr!“ Er kommt sicher nicht aus dem Lateinischen.

wief: schlau
Wiefe Personen sind clever, gewandt, schlagfertig. Der lateinische Ursprung ist das Adjektiv *vivus, -a, -um* für „lebendig, lebhaft, feurig“. „**Des is à wiefer Bursch**“, sagt man über ein schlaues Kerlchen.

wist, wüst: hü, links
Damit forderte man früher die Zugtiere auf, nach links zu gehen. Der lateinische Ursprung ist *sinister* für „links, zur Linken“, das über „winister“ und „winster“ zu **wist** geführt hat.

Im westlichen Landkreis Freising, wo meine Eltern aufgewachsen sind, ist das „ü“ ein bevorzugter Vokal, deshalb sagte man dort **wüst**.

Der Befehl, nach rechts zu gehen, lautet übrigens: hott. Wankelmütigkeit wurde früher damit kritisiert, dass jemand **oàmoi wist und oàmoi hott** (einmal links und einmal rechts) sage, heute heißt es schriftdeutsch: „Hü oder hott?“

Zipf/Ziepf: Erkrankung
Die Atemnot bei einer Entzündung der Schnabelhöhlen von Geflügel, also auch von Hühnern, nennt man „Pips“ oder „Ziep“, auf Bairisch **Zipf** oder **Ziepf**. Dieses Wort stammt vom Piepen der jungen Hühner, es hat sich aus dem lateinischen *pipilare* (= piepen) über „pfips“ und „Pips“ entwickelt.

Ist ein Mensch häufig krank und deshalb nicht einsatzfähig, sagt man über ihn:

Der håt scho wieder àn Ziepf.
Der kränkelt schon wieder.

Darin können auch gewisse Zweifel darüber zum Ausdruck kommen, ob die Erkrankung tatsächlich so schwer ist, dass sie einen Einsatz verhindert.

Die Bajuwaren

Das harmonische Nebeneinander der Kelten, Römer und Germanen in Rätien und Noricum wurde im 4. nachchristlichen Jahrhundert durch die Völkerwanderung erheblich gestört. Die Hunnen vertrieben ab 375 n. Chr. die germanischen Goten aus dem Gebiet nördlich des Schwarzen Meeres, worauf diese sich auf den Weg in die westlich gelegenen römischen Provinzen machten. Die um diese Zeit bereits geschwächten Römer konnten dem Druck nicht standhalten, und auch von Norden her drängten im Rahmen der europäischen Völkerwanderung neue germanische Stammesgruppen nach Rätien und wurden hier sesshaft.

Im Jahr 488 n. Chr. verließ schließlich der größte Teil der römischen Herrschaftsschicht auf Befehl des Königs Odoaker von Italien die Region endgültig und zog sich über die Alpen nach Süden zurück. Bereits fünf Jahre danach wurde Odoaker vom König der Ostgoten, Theoderich dem Großen, militärisch besiegt und höchstpersönlich ermordet, worauf dieser sein Herrschaftsgebiet deutlich erweiterte. Das heutige Altbayern wurde zu Theoderichs Nordprovinz und damit Bestandteil des ostgotischen Reiches.

Theoderich erlaubte vielen Germanen, in seiner neuen Provinz zu siedeln. Dazu gehörten auch die von den Franken verfolgten schwäbischen Alemannen. Ortsnamen wie Schwabing, Markt Schwaben oder Schwabhausen zeugen heute noch davon. Auch skandinavische Stämme fanden in dieser Zeit hier eine neue Heimat. Dazu dürften Markomannen aus dem Gebiet des späteren Böhmens, von denen man lange Zeit annahm, dass überwiegend aus ihnen die Bajuwaren hervorgingen, dabei gewesen sein, ebenso wie Sachsen, was man an Ortsnamen wie Sachsenkam heute noch erkennen kann.

Diese Zuwanderer wurden von der hier verbliebenen, längst alteingesessenen Bevölkerung mehr oder weniger freundlich begrüßt. Über das Alter jenes beliebten Spruchs, der nach wie vor gern zum Einsatz kommt, wenn man sich am Abend gemütlich zusammensetzt, darf trotz italienischer – und damit ja quasi römisch-lateinischer – Anklänge spekuliert werden:

B(u)ona sera, hauts enk herà, sàmmà mehrà.
Guten Abend, setzt euch her, dann sind wir mehr.

Man stelle sich vor, wie die frühen Bayernbewohner damit die Neuen zum Bleiben animierten, um gemeinsam als größere Gruppe gegen feindliche Angreifer leichter bestehen zu können. Es ist nur logisch, dass sich die Fremden das nicht zweimal sagen ließen, und sie „hauten sich her" (gesellten sich dazu) – und blieben da. Was die Einheimischen aber nicht bedacht hatten: Sie waren durch diese Verstärkung von außen zwar **mehrà** (zahlenmäßig mehr), aber es dauerte nicht lange, dann waren die neu Zugezogenen die **Mehràn** (die Mehrheit), nämlich mehr als die ursprünglichen Bewohner. Wichtig: Das so neu entstandene Völkergemisch bezeichnete man als Bajuwaren.

Der Erste, der diesen Namen 576 schriftlich erwähnte, war der aus Italien stammenden Dichter Venantius Fortunatus. Er berichtet von einer Wallfahrt im Jahr 565 über die Alpen zum heiligen Martin von Tours, auf der er die Region „Baivaria" durchquerte. Er schreibt dabei auch über einen „Baiovarius", der bei St. Afra nahe Augsburg die Straßen nach Süden kontrollierte und sich dabei den Reisenden in den Weg stellen konnte. Interessant, dass die Baiern schon damals genau wissen wollten, wer da plante, ihre Landesgrenzen zu überschreiten, und nicht jeden herein ließen.

Kleiner Exkurs: Der Umstand, dass es sich bei den Bajuwaren um ein Gemisch verschiedener Volksstämme handelte, wird in der aktuellen Diskussion um Migranten und Flüchtlinge aus aller Herren Länder gern als Argument herangezogen. Die Baiern sollten sich nicht über Zuwanderer aus fremden Kulturen beschweren, schließlich sei auch ihr Ursprung das Ergebnis der Verbindung unterschiedlicher Ethnien und Kulturen. So einfach kann man es sich nicht machen: Damals war Bayern sehr dünn besiedelt, ein großer Teil der Region war ursprüngliche Natur und wurde erst im Laufe der folgenden Jahrhunderte urbar gemacht. Die wenigen Siedlungen waren klein und überschaubar. Damit gab es natürlich viel Platz für Zuwanderer, deren Arbeitskraft bei der Kultivierung des Landes hochwillkommen war. Selbst noch zu Beginn des Dreißigjährigen Kriegs im Jahr 1618 hatte zum Beispiel München nur etwa 20.000 Einwohner, am Ende dieses Kriegs sogar nur noch 5.000, u.a. weil knapp drei Viertel der Bevölkerung 1634/35 an der Pest gestorben waren. Heute leben in Bayern bereits 13 Millionen Menschen, davon allein in München etwa eineinhalb Millionen. Es ist also ganz schön eng geworden – und es ist kein Wunder, dass darüber geklagt wird, wenn immer mehr Land zubetoniert wird und die Ausflügler aus der Großstadt an den Wochenenden die bayerischen Alpen und andere schöne Gegenden überfluten. Die Erholungssuchenden werden inzwischen sogar in Regionen, die im großen Stil vom Toursimus leben, zuweilen eher als Störenfriede denn als umsatzbringende Gäste angesehen.

An dieser Stelle möchte ich einen Witz einflechten, den ich kürzlich in einem Büchlein aus den 1960er Jahren gelesen habe („Da legst di nieder! Humor aus Bayern“ von Anton Schwind):

> In der Münchner Trambahn schimpft ein Fahrgast, dass die Bahn für die große Zahl an Fahrgästen viel zu klein sei, worauf der Schaffner meint: **„À so à Schmarrn. De Trambahn is groß gnuà. D'Leit sàn z'vui!“** (So ein Unsinn. Die Trambahn ist groß genug. Die Leute sind zu viele!)

Das war damals richtig und gilt heute umso mehr. **D'Leit sàn z'vui!** Und zwar auf der ganzen Welt. Als ich auf die Welt kam, lebten in Afrika 200 Millionen Menschen. Heute sind es 1.200 Millionen, also sechs Mal so viel. Nach den aktuellen Prognosen werden es in absehbarer Zeit 2.000 Millionen sein. In anderen Teilen der Welt ist es ähnlich. Um sich auszumalen, wie das enden wird – Stichwort: Klima –, muss man nicht studiert haben.

Zurück zu den Bajuwaren: Zur genauen Herkunft der Bezeichnung „Bajuwaren“ gibt es unterschiedliche Meinungen: Eine Theorie führt sie auf die ursprünglich in Böhmen beheimateten keltischen Boier zurück, nach einer anderen Theorie hat das Wort die Bedeutung „Menschen aus Baia“, einer Region, die sich im böhmischen Becken nördlich des Böhmerwalds befand. Der gemeinsame Kern sind also die böhmischen Wurzeln des Worts „Bajuwaren“. Ob tatsächlich Boier oder Menschen aus Baia in größerer Zahl eingewandert sind, kann man daraus aber nicht zwingend schließen. Die böhmischen Boier wurden nämlich, nach vorherrschender Meinung, weit vor der Zeitenwende von den Markomannen weitgehend assimiliert. Möglicherweise war für die Namensgebung nur eine einzelne herausragende Führungsperson oder eine kleine, aber umso markantere Gruppe maßgeblich.

In jedem Fall definieren sich die Bajuwaren vor allem durch ihre gemeinsame Sprache, das Bairische. Diese Sprache hat, wie wir schon erfasst haben, mit dem früheren Keltisch fast nichts mehr gemein, sondern ist eine germanische Variante, deren Grundlage die Sprachen der eingewanderten, überwiegend germanischen Stämme sind. Zusammen mit den von den Römern und nicht-germanischen Einwanderern übernommenen Lehnwörtern entwickelten sich aus einem sicher enormen Sprachgemisch die Anfänge des Bairischen. Die ursprünglichen Bajuwaren gelten trotz ihrer vielfältigen Einflüsse als Germanen! Darüber, wie diese sprachliche Entwicklung im Einzelnen ablief, gibt es unterschiedliche Theorien, die alle letztlich in den Satz münden:

Nix Gwiss woàß mà net.
Nichts Genaues weiß man nicht.

Was wir festhalten können: Seit dem Auftritt der Bajuwaren in der Geschichte im 6. Jahrhundert spricht man in Ober- und Niederbayern, in der Oberpfalz, in Österreich (ohne Vorarlberg), in Südtirol und in einigen weiteren kleineren Sprachinseln Bairisch. Eine Sprache, die in ihren Anfängen sicher anders geklungen hat als heute und sich im Laufe der Jahrhunderte durch Lautverschiebungen, weitere Zuwanderungen und allgemeine kulturelle Veränderungen weiterentwickelte. Und wir wollen nun die fremdsprachlichen Einflüsse, die nach den Römern auf die bairische Sprache gewirkt haben, weiter unter die Lupe nehmen.

Auf geht's!

Weitere Einflüsse fremder Sprachen auf das Bairische

In der Blüte des Römischen Reichs beherrschten die Römer große Teile Europas und alle an das Mittelmeer angrenzenden Gebiete, darunter auch Judäa. Die Juden lehnten sich immer wieder gegen die fremde Besatzungsmacht auf, was die Römer mit militärischer Gewalt beantworteten. Im Jahr 70 n. Chr. zerstörten sie nach einem Aufstand den Tempel von Jerusalem, ein weiterer Aufstand unter Bar Kochba (132 – 136 n. Chr.) wurde ebenfalls brutal niedergeschlagen. Der Jüdische Krieg und seine Folgen forderten hunderttausende Opfer, der jüdisch-griechische Geschichtsschreiber Flavius Josephus setzt die Zahl der ermordeten Juden sogar mit über einer Million an. Die Juden wurden von den Römern aber nicht nur mit großem Blutzoll besiegt, sondern auch als Sklaven gehalten und ins Exil getrieben. Die jüdische Diaspora erstreckte sich bald rund ums Mittelmeer, die Vertriebenen verteilten sich in ganz Europa und so auch den römischen Provinzen Rätien und Noricum. Mit ihnen kam die hebräische Sprache in diese Gegend, die sich später ins Jiddische wandelte. Einige Relikte davon findet man heute noch im Schriftdeutschen, einige wenige haben sich im Bairischen erhalten.

Dies gilt auch für slawische Zuwanderer und ihre Sprachen, die sich vor allem im Zuge der Völkerwanderung vom 6. Jahrhunderts an auf heute altbayerischem Gebiet ansiedelten bzw. in unmittelbarer Nachbarschaft zu den Baiern lebten und leben. Dazu ist die Sprache der südlichen Nachbarn der Baiern, der frühen Italiener, am Bairischen nicht spurlos vorüber gegangen. Meistens handelt es sich bei dieser Sprachbeeinflussung um Wörter, die bereits im Kapitel „Bairische Wörter mit lateinischen Wurzeln“ enthalten sind. Hier sollen daher noch einige außergewöhnliche Beispiele für bairische Wörter aufgeführt werden, die aus dem Italienischen stammen, aber nicht auf das Lateinische zurückgeführt werden können. Spannend sind einige bairische Wörter, die aus dem Griechischen stammen, aber nicht von den alten Hellenen selbst, sondern von den Römern oder Goten ins Bairische eingeschleust worden sind. Das Gleiche gilt für die aus dem Arabischen stammenden Wörter, die über Spanien und Frankreich zu uns gekommen sind.

Einige der Überreste aus anderen Sprachen, deren Ursprung auf die Zeit nach den Römern bis in die Frühe Neuzeit zurückgeht, habe ich im Folgenden zusammengestellt.

Hebräisch und Jiddisch

Diejenigen Juden, die sich noch unter römischer Herrschaft in Mittel-, Nord- und Osteuropa ansiedelten, bezeichneten sich als aschkenasische Juden und brachten ihre Sprache Hebräisch mit in die neue Heimat. Soweit sie sich im germanischen bzw. deutschen Sprachraum niederließen, entwickelten ihre Nachkommen auf der Grundlage des Mittelhochdeutschen, ihrer hebräischen Wurzeln und auch slawischer Einflüsse eine eigene Sprache, das Jiddische.

Die aschkenasischen Juden übernahmen aber nicht nur das damalige Deutsche als Grundlage für ihre Sprache. Umgekehrt beeinflusste das Jiddische auch seinerseits das Deutsche. Nach den lateinischen Einflüssen, die uns die Römer brachten, sind die Juden historisch die zweitwichtigste Gruppe, von deren Sprache man bis heute Relikte im Schriftdeutschen wie Bairischen findet. Der oft gebrauchte und stets gut gemeinte Wunsch „Hals- und Beinbruch“ zum Beispiel hat nichts damit zu tun, dass man dem Angesprochenen wirklich oder ironisch derartige Brüche wünscht. Es handelt sich vielmehr um den jiddischen Wunsch *Hassloche uWroche*, der phonetisch wie „Hals- und Beinbruch“ klingt, tatsächlich aber „Glück und Segen“ bedeutet. Auch der „gute Rutsch“ zum Jahreswechsel kommt vermutlich von dem hebräischen Wort *Rosch* (הלחתה) für „Anfang“ und bedeutet somit als Wunsch: „Einen guten Jahresanfang!“

Interessant sind die Parallelen von Jiddisch und Bairisch bei den Personalpronomina: Statt „wir“ sagt man sowohl im Bairischen als auch im Jiddischen **mir** bzw. **mià**; man denke nur an einen der berühmtesten mit Bayern assoziierten Aussprüche: „**Mià sàn mià.**“ (Wir sind wir.) Statt „ihr“ heißt es in beiden Sprachen **es**, z.B. bei der Frage im Tante-Emma-Laden: „**Habts es à Brot àà?**“ (Habt ihr auch Brot?) Auch das in manchen bairischen Regionen gebräuchliche **enk** (euch) bzw. **enker** (euer) ist mit dem Jiddischen identisch.

Weitere Gemeinsamkeiten: Sowohl das Bairische als auch das Jiddische kennen so gut wie kein Präteritum (Imperfekt, 1. Vergangenheit) und in beiden Sprachen ist die doppelte Verneinung üblich (vgl. Kapitel „Bairische Sprach-Schmànkerl: Die doppelte Verneinung“). Dagegen hat es keines der zahlreichen Synonyme für „Geld“, die aus dem Jiddischen ins Schriftdeutsche entlehnt wurden, in den Wortschatz der Baiern geschafft: Blech, Kies, Kohle, Moos, Zaster. Vielleicht, weil keines dieser Wörter dem Wohlklang des bairischen **Diridàri** das Wasser reichen kann?

Bei der Musik bestehen wieder Gemeinsamkeiten. Wie in der bairischen Volksmusik spielt auch bei der jiddischen Klezmer-Musik die Klarinette bei vielen Stücken eine dominierende Rolle. In kleinerer Besetzung, z.B. bei manchen bairischen **Tanzlmusi**-Gruppen, gilt die Ähnlichkeit für den Einsatz der Geige oder das Akkordeon.

In diesem Zusammenhang ist noch ein bayerischer Ort erwähnenswert: der mittelfränkische Markt Schopfloch. Jüdische Viehhändler hatten in dieser Gegend im 16. Jahrhundert eine Geheimsprache entwickelt, bei der Ausdrücke aus dem Hebräischen und Jiddischen mit fränkischem Dialekt gemischt wurden. Diese Sprache heißt Lachoudisch, sie wird heute noch von einigen Schopflochern gesprochen. Für bairische Ohren ist sie mehr als gewöhnungsbedürftig. Der Satz „Dem Bürgermeister sein Hund hat dem Pfarrer seine Katze kaputt gemacht“ heißt beispielsweise auf Lachoudisch: *Dem Schoufet sei Kejleff hat dem Galouchem sei Schunress kaboress gemacht.*

Einige Beispiele für spezielle bairische Dialektwörter mit jiddischen bzw. hebräischen Wurzeln:

Boàzn: kleines Bierlokal
So nennt der Baier ein kleines, uriges, früher total verrauchtes, manchmal auch verrufenes Bierlokal, das hauptsächlich von

Männern ohne besondere Ansprüche besucht wurde. Das ursprüngliche hebräische Wort dafür lautet *bajit* (בית), im Jiddischen wurde daraus *bajis*. Beides bedeutet „Haus“. In Wien entwickelte sich das Wort zum „Beisl“, in Baiern zur **Boàzn**.

Haberer: abwertende Bezeichnung für einen Mann
Das Wort stammt von dem hebräischen *chaver* (חבר), das „Freund, Kumpel“ bedeutet. Es wird oft in negativem Sinn gebraucht, zum Beispiel für einen Mann, der durch sein sprunghaftes Naturell in der Liebe bekannt ist. Auch die Haberfeldtreiber, Mitglieder eines früher im bayerischen Oberland verbreiteten Rügegerichts, hießen **Haberer**. Es handelte sich dabei um eine Gruppe von Freunden oder zumindest Dorfnachbarn, die sich in strafender Funktion mit ähnlichen, die Moral betreffenden Sachverhalten befassten.

Kaff: kleines Dorf
Ein unbedeutendes, langweiliges, trostloses Dorf ist ein **Kaff**. Ursprung ist das hebräische *kafar* (כפר), das dieselbe Bedeutung hat.

Màssl: Glück
Wer ein **Màssl** hat, der hat Glück. Das Wort geht zurück auf das hebräische *masal* (מזל), das ebenfalls „Glück“ bedeutet.

Ein jüdischer Ausspruch für unverdientes Glück lautet: „Ein Massel wie a Goi.“ (Ein Glück wie ein Nichtjude.) Das bairische Synonym für diesen Spruch wäre wohl der **Dusl**, dem viele erfolgreiche Fußballspiele des FC Bayern München zugeschrieben werden. Wer weniger aufgrund seiner Fähigkeiten als durch eine große Portion Glück ein wichtiges Ziel erreicht, ist ein **Duslbruàder** (Glücksbruder).

Das Gegenstück zum **Màssl** ist das **Schlàmàssl**.

Schicks: Schickse; leichtfertiges, leichtlebiges Mädchen, Flittchen
Das feminine hebräische Ausgangswort lautet *schiqesa* (שיקסה). In Baiern ist **Schicks** eine abfällige Bezeichnung für ein Frauenzimmer. Auch Juden verwendeten „Schickse“ oft als Schimpfwort, aber auch als wertneutrale Bezeichnung für nichtjüdische Frauen und Mädchen.

Hatte ein bairisches Mädchen nach dem Krieg mit amerikanischen Besatzungssoldaten Kontakt, wurde es als **Amischicks** bezeichnet. **Breißnschicks** nannten vor allem neidische Baierinnen eine norddeutsche Urlauberin, die an den bairischen Burschen Gefallen fand.

Schlàmàssl: unangenehme, aussichtslose Lage, Unglück, Dilemma
Das ursprüngliche jiddische Wort lautet *schlimasel* (ןוסא).

Ein **Màssl** (Glück) hat man, in einem **Schlàmàssl** (Unglück) steckt man. Hier ein Beispiel:

> Der Huberbauer geht über den Hof und sieht, wie sein Knecht, der Xaverl, mit einer langen Stange in der Odelgrube herümrührt. **„Wås duàst'n då, Xaverl?"** (Was machst du denn da, Xaver?), fragt der Bauer. **„Ja mei"**, antwortet der Xaverl, **„mir is wås passiert. Mià is mei Joppm in d'Odlgruàm neigfoin."** (Mir ist etwas passiert. Mir ist meine Jacke in die Güllegrube hineingefallen.) Drauf der Bauer: **„Ah gä, Xaverl, um de oide Joppm is's doch net schåd, de war doch scho ganz schleißig. Kàffst dà hoit à neie."** (Um die alte Jacke ist es doch nicht schade, die war doch schon ganz durchgewetzt. Dann kaufst du dir halt eine neue.) Xaverl: **„Um de oidn Joppm wàr's mir ja net, aber meine zwoà Wurschtsemmen sàn no in dà Joppm drin."** (Um das alte Sakko geht's mir ja nicht, aber meine beiden Wurstsemmeln sind noch in der Jacke drin.)

Ein echtes **Schlàmàssl**!

Schmu, Schmugeld: Nebengeld
Dieses jiddische Wort bedeutete ursprünglich „Schmuck" im Sinne von „Tand, nutzlose Ware". Im Bairischen handelt es sich um eine kleine geheime Kasse, für die man von seinen Einnahmen etwas abzweigt und von der vor allem der Ehepartner nichts wissen darf.

Slawisch, insbesondere Tschechisch

Im Osten hatten es die Germanen sehr häufig mit slawischen und anderen osteuropäischen Völkern zu tun. Vor allem in der späten Phase der Völkerwanderungen, aber auch danach zogen diese auf dem Weg nach Westen durch von germanischen Stämmen besiedelte Gebiete. Eine vermutlich namhafte Zahl an Slawen ließ sich in Germanien (einschließich Altbayern) nieder und wurde schließlich assimiliert. Heute sind die slawisch-stämmigen Polen und Tschechen Nachbarn Deutschlands.

Die Vermischung der verschiedenen Ethnien und die langjährigen nachbarschaftlichen Beziehungen hatten natürlich auch zur Folge, dass ein gegenseitiger sprachlicher Austausch erfolgte. So finden wir in der schriftdeutschen Sprache und auch im Bairischen Wörter, die ihren Ursprung im Slawischen haben. Überwiegend handelt es sich dabei um tschechische Wörter, was aufgrund der Jahrhunderte alten gemeinsamen Grenze nicht verwunderlich ist. Die letzte bemerkenswerte „Aktion" in Richtung Austausch und Durchmischung war übrigens die Vertreibung der Sudetendeutschen nach dem Zweiten Weltkrieg, die das ein oder andere markante Wort mit nach Bayern brachten.

Im Folgenden will ich Beispiele für Wörter mit slawischen, insbesondere tschechischen Wurzeln nennen, die man vor allem in Ostbayern kennt und spricht. Einige haben sich sogar in ganz Altbayern eingebürgert. Alle gelten inzwischen als Bestandteil des altbayerischen Dialekts – man findet sie auch in Ludwig Zehetners „Bairisches Deutsch".

Man beachte die oft gänzlich unterschiedliche Betonung – unterstrichen – im Bairischen und im Tschechischen.

Bàwàlàtschn: wackeliges Gerüst

Das Wort kommt vom tschechischen *pavlač, pavlačka*, das „Gerüst, Balkon, Galerie" bedeutet. Mein Vater bezeichnete eine solche wackelige Konstruktion als **Mausfoin** (Mausefalle).

Ludwig Zehetner berichtet von einem Bauern, der sich ein aufwändiges Gerüst zum Streichen der Stalldecke dadurch ersparen wollte, dass er über zwei Kühe einige dicke Bretter legte – eine klassische **Bàwàlàtschn**. Als sich eine der beiden Kühe unvermittelt auf den Stallboden legte, kugelte der Bauer mitsamt Farbeimer auf den mit Mist bedeckten Stallboden.

Dobernigl, Doberling: Steinpilz (im Bayerischen Wald)
Das Wort kommt von von *dobrý*, tschechisch für „schön, gut", bedeutet also „Schönling" oder „Gutling" – für einen gesunden Steinpilz eine absolut zutreffende Bezeichnung.

Gre, Kren: Meerrettich
Wie in Baiern und Österreich heißt der Meerrettich auch auf Tschechisch *křen*. In Baiern gehört der Begriff zur Mundart, in Österreich zur Schriftsprache.

Golàtsche: Kleingebäck
Die **Golàtsche** ist ein mit Topfen und süßen Früchten gefülltes viereckiges Kleingebäck aus Plunderteig, dessen Ecken nach innen geschlagen sind. Der Begriff kommt von dem tschechischen *koláč* (Kuchen). Das Wort kam nach 1945 durch die Heimatvertriebenen nach Baiern und ist inzwischen eine selbstverständliche Warenbezeichnung.

Kalumpsn: verwahrlostes kleines Bauernhaus, wackelige Hütte
Ein kleines Bauernhaus bzw. eine Strohhütte heißt im Tschechischen *chalupa*. In Ostbayern sind die Bezeichnungen **Kaluppm, Kalunkn, Kalumpm** und **Kaludschn** zu hören. Auch meine Eltern kannten die **Kalumpsn**.

Màtschànkerl: Gschpusi, nette weibliche Begleitung
Das Wort kommt vermutlich aus dem Tschechischen: *míca* bedeutet „Mieze(katze)". Hübsche Mädchen bzw. Frauen nennt man in Wien gern „Mizzi" – so heißt dort auch eine nette Katze.

pàschen: schmuggeln
Das entsprechende Substantiv lautet **Pascher**. Beide Wörter dürften auf das gleichbedeutende tschechische Verbum *pašovat* zurückgehen.

pomàdig, pomàde: gemächlich, träge, faul, schön langsam
Es handelt sich um ein Lehnwort aus dem Slawischen: *pomalu* heißt auf tschechisch und ukrainisch „langsam", auf polnisch „ohne Eile, allmählich".

Eine sprachliche Verbindung zum schriftdeutschen Substantiv „Pomade" (Creme, Salbe) besteht nicht.

Schaluppm: unschmeichelhafte Bezeichnung für eine Frau fortgeschrittenen Alters
Das Wort dürfte wie die **Kalumpsn** vom tschechischen *chalupa* abstammen. Es steht für etwas Unordentliches, Schiefes oder Hässliches, auch eine widerliche oder verschrobene alte Frau (wie: alte Schachtel, **Scharteckn**) wird so genannt.

Findet eine solche Frau unerwartet doch noch einen Partner, heißt es im Dorf:

Wundern muàß mà se, dass de oide Schàluppm àà no Oàn gfundn håt.
Wundern muss man sich, dass die alte Schaluppe auch noch einen Mann gefunden hat.

Strieze: Strizzi; Strolch, Luftikus, leichtfertiger Kerl
Dieses Wort stammt vermutlich vom tschechischen *strýc* (Onkel).

Wojer: Leitseil beim Zugtiergespann
Es handelt sich um ein Lehnwort aus dem Slawischen, tschechisch *vajir*.

Italienisch

Das heutige Italienisch hat sich aus dem Lateinischen entwickelt und ist seinen Wurzeln dabei sehr treu geblieben. Kein Wunder also, dass die meisten Sprachverbindungen des Bairischen zum Italienischen schon im Kapitel „Bairische Wörter mit lateinischen Wurzeln" aufgeführt wurden. Es gibt allerdings ein paar Ausnahmen: Lehnwörter unmittelbar aus dem „modernen" Italienischen:

Bàràber: ungelernter Arbeiter, unkultivierter Mensch
So bezeichneten meine Eltern unkultivierte, ungepflegte oder auch zwielichtige Zeitgenossen – wohl wegen der Nähe dieses Begriffs zum ebenfalls unkultivierten „Barbar". Dieser besitzt griechische bzw. lateinische Wurzeln. Tatsächlich soll der **Bàràber** aber aus dem Italienischen kommen. Dabei ist noch ungeklärt, wo seine genaue Wurzel liegt.

Eine Möglichkeit wäre *parlare* für „sprechen". Denkbar ist auch die Herkunft von *barabba*, das italienische Wort für den biblischen Mörder Barabbas (griechisch Βαραββᾶς), das, davon abgeleitet, „Gauner, Strolch" bedeutet. Letztlich wird es sich wohl um eine Vermengung von *parlare, barabba*, „Barbar" und vielleicht auch noch „Araber" handeln.

Diridari: Geld
Vermutlich kommt der **Diridàri** von dem italienischen *dare denari*, frei übersetzt: „Gib den Dinar (die Münze)." Angeblich haben Wanderhändler früher ihre Kunden auf dem Land mit diesen Worten aufgefordert, das Entgelt für die bei ihnen gekaufte Ware zu entrichten.

Gàtzlmacher: abfällige Bezeichnung für Italiener bzw. Südländer
Gàtzl sind Waren aus Holz, die die **Gàtzlmacher** in ihrer Heimat Italien oder anderen alpenländischen Gebieten hergestellt und als Hausierer nördlich der Alpen vertrieben haben. Sie priesen ihre Produkte vermutlich mit dem italienischen Wort *cazza* an, das insbesondere hölzerne Schöpfkellen und Löffel bezeichnet.

Da die eigentliche Herkunft des Namens in Vergessenheit geriet, sprach man volksetyomologisch bald von den **Kàtzlmachern**. Der Begriff sollte sich auf das Klischee der hohen Geburtenrate in vielen italienischen Familien beziehen – wie bei den Katzen, die jedes Halbjahr ihre Jungen zur Welt bringen. Er wurde im Laufe der Zeit zum wenig schmeichelhaften Synonym für „die" Italiener.

Màschkàrà: Maschkerer, Maskierter
Maschera (gesprochen „maskera") ist das italienische Wort sowohl für die Maske als auch für die maskierte Person. Eine spe-

zielle Form der Maskierung ist die Wimperntusche, die heute als „Mascara“ angeboten wird.

In Bayern nennt man die zur Faschingszeit maskierten Narren **Màschkàrà**. Das gilt auch schon für die maskierten Kinder, die früher in ihrer Nachbarschaft von Tür zu Tür gingen und mit folgendem Vers um eine kleine Gabe – etwas Süßes oder eine kleine Münze – baten:

I bin à kloànà Màschkàrà und håb àn grossn Sååg.
Und weil i no nix drinnà håb, drum bitt i um
à Gååb.
Ich bin ein kleiner Narr und habe einen großen Sack.
Und weil ich noch nichts drinnen hab‘, drum bitte ich
um eine Gabe.

Diesen Brauch gibt es auch heute noch, allerdings wurde er im Zuge der Amerikanisierung unserer Kultur auf „Halloween“ verlegt und der Spruch an das heutige Bildungsniveau angepasst. Er lautet schlicht: „Süßes oder Saures!“

Den an den närrischen Tagen stattfindenden Faschingsumzug nennt man auf dem Land in Bayern heute noch **Màschkàràzug**.

Wàttn: bairisches Kartenspiel
Der Begriff dürfte vom italienischen *battere* (schlagen, klopfen) stammen. Es kommt allerdings nicht nur bei diesem Kartenspiel vor, dass die Spieler beim Ausspielen einer Karte kräftig mit der Faust auf den Tisch schlagen.

Zàmperl: Hündchen
Wie das unter „Griechisch“ im nächsten Abschnitt aufgeführte **Bàmperl-** bezeichnet auch der bzw. das **Zàmperl** etwas Kleines, nämlich einen kleinen Hund, vor dem sich niemand fürchten muss. Mit dieser Betitelung macht man sich auch über einen Pantoffelhelden lustig, der wie ein kleiner Hund seiner Frau nachläuft, die ihn total unter ihrer Fuchtel hat. Das italienische Ausgangswort ist *zampa* für „Tierpfote“, auch „Bein, Fuß“.

Griechisch

Einigen der im Kapitel „Bairische Wörter mit lateinischen Wurzeln“ aufgeführten Wörter, die die Römer mit nach Baiern gebracht haben, liegen ursprünglich griechische Vokabeln zugrunde. Weil die antiken Griechen aber keinen Kontakt zu den erst viel später in die Geschichte eingetretenen Baiern hatten, beschränkt man sich bei der Beschreibung des Ursprungs der griechisch-römisch inspirierten bairischen Wörter meistens auf ihre lateinische Herkunft.

Über das ostgermanische Volk der Goten haben es allerdings einige rein griechische Wörter nach Baiern geschafft. Hier ein paar Beispiele für bairische Wörter mit griechischen Wurzeln:

Bàmperl-: Vorsilbe für etwas Kleines, Unbedeutendes
Manchmal bezeichnet man so auch etwas Minderwertiges. Es geht zurück auf *bombylis*, das im Griechischen die Bezeichnung für die (kleine) Puppe der Seidenraupe war. Unverkennbar ist auch die Verwandtschaft zum italienischen *bambino* (Kind) und zu den bairischen **Bampsn** (kleine, lästige Kinder).

Prahlt der Inhaber eines kleinen Gasthauses mit seinem Lokal, fragt man ihn geringschätzig:

> **Wås mägst denn du mit deiner Bàmperlwirtschaft.**
> Was willst du denn mit deinem armseligen Wirtshaus.

Dialekt: Mundart
Kein genuin bairisches Wort, sondern rein schriftdeutsch. Aber wie könnte dieser Begriff in einem Buch zur Mundart fehlen!

Das altgriechische Wort *dialektos* (διαλεκτός) hatte bereits die Bedeutung „Redeweise, Mundart“. Den in diesem Buch enthaltenen bairischen Dialekt kannten allerdings die alten Griechen noch nicht.

Hallodri: Luftikus, Taugenichts, Weiberheld
Der **Hallodri** lebt in den Tag hinein und hat vor allem Müßiggang im Sinn. Sein Interesse an mühsamer Arbeit ist wenig ausgeprägt. Das Wort kommt von *allotria* (ἀλλότρια) – das ist in der griechischen Philosophie alles, was den Menschen vom eigentlich Wichtigen ablenkt, z.B. übertriebener Besitz, Macht, Ruhm oder

allzu leidenschaftliche Emotionen. *Allotria* bedeutet aber auch „Spaß“ oder „vergnüglicher Unfug“.

In kunstsinnigen Kreisen bekannt ist in München die 1873 von Franz von Lenbach gegründete „Künstlergesellschaft Allotria“, die nach wie vor besteht. Um dort Mitglied zu werden, sollte man aber kein **Hallodri** sein.

Ertag, Irtà: Dienstag

So nannte man früher in Altbayern den Dienstag. Das Wort bedeutet „Tag des Arius“, des Religionsstifters der gotischen Arianer. Der Name geht ursprünglich auf Ares, den griechischen Kriegsgott zurück. Interessant ist, dass der offenbar sehr kämpferische Dienstag sich stets auf Kriegsgötter bezieht, auch in seiner schriftdeutschen Variante: Der nordische Tyr stand Namenspate, ebenso wie der römische Mars über das lateinische *dies martis* (Tag des Kriegsgotts Mars).

Meine Eltern nannten diesen Tag mit der bei ihnen vorherrschenden Vorliebe zum „ü“: **Mürdà** oder **Müàdà**. Ihr Vers über die Länge des Kirchweihfestes, das stets am Kirchweihsonntag begann, lautete:

Der Kürdà dauert oft bis zum Müàdà,
Es kunnt se schickà, àà bis zum Mickà.
Die Kirchweih dauert oft bis zum Dienstag,
Es könnte sich schicken, auch bis zum Mittwoch.

Pfinstà: Pfinztag, Donnerstag

Diese alte Bezeichnung für den Donnerstag kommt von dem griechischen Wort *penta* (πένтε) für „fünf“. Bei der früher üblichen Zählung der Wochentage ab Sonntag war nämlich der Donnerstag der fünfte Tag in der Woche.

Ypsilon:

Wenn man über den Einfluss der Griechen auf das Bairische schreibt, darf man den Buchstaben Ypsilon nicht vergessen, der im Griechischen häufig verwendet wird. Wie im „Spickzettel“ unter „Baiern : Bayern : Altbayern“ ausgeführt, hat nämlich der bayerische König Ludwig I., ein Freund der griechischen Kultur, im Jahr 1825 angeordnet, dass das im Wort „Baiern“ enthaltene „i“ durch das „y“ zu ersetzen sei und die Bezeichnung des Landes ab sofort „Bayern“ lauten sollte. Heute ist das Ypsilon einer der wichtigsten Buchstaben im Alphabet. Auch bei meinen Enkeln war es der erste Buchstabe, den sie lernten. Man braucht ihn nämlich, um zur Internetseite von YouTube zu gelangen.

Arabisch

Arabien ist weit, und deshalb ist kaum zu erwarten, dass auch arabische Wörter den Weg ins Bairische gefunden haben. Und trotzdem ist es so. Allerdings nicht unmittelbar, sondern vor allem über das Französische. Einige dieser Wörter – **Barchàt** (Barchent), **Diwån** (kleines Sofa), **Gàmàschn** (Gamasche), **Oràschn** (Orange), **Schiläh** (Gilet) – sind deshalb in dem dafür einschlägigen Kapitel „Bairische Wörter mit französischen Wurzeln“ aufgeführt.

Um schon ein bisschen vorwegzugreifen: Ein dort enthaltenes weiteres Wort mit arabischen Wurzeln finde ich besonders interessant, weil man es auf den ersten Blick für typisch und ausnahmlos bairisch halten könnte: die **Joppm**.

Das Verhältnis der Bayern zu den Franzosen

Auch die Beziehungen zwischen Bayern und Frankreich hatten im Laufe der Jahrhunderte Auswirkungen auf die bairische Sprache, und zwar vor allem vom 17. bis zum 19. Jahrhundert. Ein wesentlicher Beweggrund für die bayerische Annäherung war meistens, dass das kleinere Herzogtum einen starken Verbündeten gegen andere Herrscher, insbesondere die land- und machthungrigen Habsburger, brauchte. Deutsch-französische Verbindungen, vor allem Eheschließungen zwischen den Fürstenhäusern, gab es allerdings schon viel früher.

Im Jahr 965 heiratete zum Beispiel der bairische Herzog Heinrich II., der den Beinamen „der Zänker“ trug, Gisela von Burgund. Heinrich pflegte gute Kontakte zu Schwaben und Burgund, um gemeinsam ein starkes Gegengewicht zum mächtigen Kaiser Otto II. zu bilden. Gisela wurde in jüngster Zeit im Zusammenhang mit einer neu entdeckten Urkunde aus dem Jahr 1060 erwähnt. Diese belegt, dass bereits damals auf dem Landgut, das Giselas Ehemann für sie in Grafing (Landkreis Ebersberg) hatte erbauen lassen, Bier gebraut wurde – der Beweis für den Anspruch der Grafiger Brauerei auf den Titel „Drittälteste bayerische Brauerei“ nach Weihenstephan und Kloster Weltenburg.

Gut 200 Jahre danach kam es wieder zu einer bairisch-französischen Liaison, und zwar auf höchster Ebene: Der französische König Philippe Auguste (Philipp II. August) heiratete 1196 in dritter Ehe, trotz kirchlichen Verbots, Agnès-Maria von Andechs-Meranien, die Tochter des bairischen Herzogs Bertold. Der Papst erkannte Agnes-Maria nicht als Königin von Frankreich an.

Weitere knapp 200 Jahre später, nämlich 1385, heiratete Elisabeth, die Schwester von Herzog Ludwig VII. dem Gebarteten von Baiern-Ingolstadt und bekannt als Isabeau de Bavière, in Amiens im zarten Alter von 15 Jahren den jungen französischen

König Karl VI. und wurde damit Königin von Frankreich – ein außergewöhnliches Ereignis und ein Coup der bairischen Diplomatie! Ludwig VII. der Gebartete selbst vermählte sich 1402 mit Anne de Bourbon, einer Hofdame seiner Schwester Elisabeth. Neben machtpolitischen Überlegungen dürfte hier auch die Mitgift von immerhin 130.000 Francs eine Rolle gespielt haben.

Im 16. Jahrhundert steht wieder eine bairisch-französische Ehe in den Geschichtsbüchern. Herzog Wilhelm V. heiratete 1568 in München Renata von Lothringen, die Tochter des Herzogs Franz I. von Lothringen und seiner Gattin Prinzessin Christina von Dänemark. Die Hochzeit, die vor allem eine Stärkung der Gegenreformation zum Ziel hatte, wurde mit ungewöhnlich großem Aufwand 18 Tage lang gefeiert, die Festmusik wurde eigens von Orlando di Lasso komponiert. Das Glockenspiel am Münchner Rathaus erinnert noch heute an dieses Ereignis.

Bereits in der nächsten Generation heiratete der Sohn Wilhelms V., Herzog Maximilian, wiederum eine Französin, nämlich Prinzessin Elisabeth Renate von Lothringen, die Nichte seiner Mutter. Auch bei dieser Liaison dürfte die Stärkung der katholischen Position im Kampf gegen die Protestanten eine nicht unwesentliche Rolle gespielt haben.

Diese personellen Verbindungen auf höchster politischer Ebene führten bei Hofe zu einem gewissen Kulturaustausch. In der jeweiligen Bevölkerung schlug sich dies aber kaum bis gar nicht nieder, zumal die grenzüberschreitenden Kontakte nach dem Tod der genannten Personen bald wieder zurückgingen. Dauerhafter waren ab dem 17. Jahrhundert die Einflüsse der französischen Hofkultur auf die Adelshäuser in ganz Europa. Der Prunk, den die französischen Herrscher betrieben, war schier grenzenlos. Riesige Barockschlösser mit prachtvollen Spiegelsälen und Gärten mit Kanälen, Wasserspielen und Labyrinthen wurden errichtet. Häufig feierte man üppige Feste, auf denen ein jeder Gast stets die anderen an Schönheit und Extravaganz des Kostüms übertrumpfen wollte. Ums Übertrumpfen ging es schnell auch den gesamten europäischen Fürstenhäusern – man eiferte dem französischen Vorbild mit unglaublichem Pomp nach.

Der bairische Kurfürst Ferdinand Maria kam diesem Trend nicht aus, zumal er seit 1650 mit Henriette Adelaide von Savoyen verheiratet war. Deren Mutter, Herzogin Christina von Savoyen, war die Tochter des französischen Königs Heinrich IV. und Schwester seines Nachfolgers Ludwig XIII. Sie hätte es lieber gesehen, wenn Henriette den französischen Kronprinzen, den späteren Sonnenkönig Ludwig XIV., geheiratet hätte, aber daraus wurde nichts. Man kann sich gut vorstellen, dass die Erwartungen an das bairische Herrscherhaus hoch waren. Dem Münchner Hof war andererseits wichtig, dass Henriette Deutsch sprach und katholisch war – vor allem jetzt, kurz nach dem Dreißigjährigen Krieg zwischen Katholiken und Protestanten.

Auch in der nächsten Generation der französischen Könige war wieder eine bairische Prinzessin am Zug. Der potenzielle Nachfolger Ludwigs XIV., sein Sohn Ludwig, heiratete 1680 die älteste Tochter des bairischen Kurfürsten Ferdinand Maria, Prinzessin Anna Maria Christine Victoria Josepha Benedikta Rosalia Petronilla. Ludwig brachte es allerdings nur zum Thronfolger (Dauphin). Er konnte seinen Vater nicht mehr beerben, weil er schon vor ihm im Jahr 1711 verstarb. Die Hoffung der Wittelsbacher, dass wieder eine der Ihren Königin Frankreichs werden würde, hatte sich damit leider zerschlagen.

Zuhause in Baiern war derweil die lang ersehnte Geburt des Thronfolgers Max Emanuel Jahr 1662 der Anlass für die Errichtung von Schloss Nymphenburg. Ein herrliches Erbe für diesen Max Emanuel, der sich als bairischer Kurfürst Hoffnungen auf die Kaiserwürde machen konnte. Seinen Status unterstrich er zusätzlich mit einem Residenzbau nach französischem Vorbild: 1701 wurde mit dem Bau des über 300 m langen Neuen Schlosses Schleißheim begonnen, die Fertigstellung zog sich infolge des Spanischen Erbfolgekriegs und Max Emanuels Exilaufenthalt in Brüssel allerdings lange hin.

In dieser Zeit des Absolutismus ging die Übernahme der französischen Hofkultur so weit, dass quasi der gesamte europäische Adel begann, Französisch zu sprechen, auch in Baiern bei Hofe und auf Ebene des Bildungsbürgertums. In gebildeten Kreisen gehörte das Französische zum guten Ton, auch wenn diese sprachliche Überfremdung schon seinerzeit nicht jedem gefiel.

Trotz aller Vorliebe für die luxuriöse französische Lebensart kämpfte Max Emanuel im Spanischen Erbfolgekrieg übrigens u.a. gegen die Franzosen. Auf die grundsätzlich positive Einstellung der bairischen Oberschicht gegenüber der angenehmen Lebensart und der Sprache der Franzosen hatte der Krieg aber keine Auswirkung. Zwar leisteten die Autoren der von 1722 bis 1740 erschienenen Münchner Wissenschaftszeitschrift „Parnassus Boicus“ gegen den zunehmenden Einfluss des Französischen hartnäckig Widerstand, allerdings ohne Erfolg. Die oberen Schichten hielten an ihrer Obsession fest – wobei der Einfluss des Französischen auf die Sprache des gemeinen Volkes ohnehin sehr gering gewesen sein dürfte.

Das änderte sich, als es etwa hundert Jahre später politisch wieder in die andere Richtung ging. Im Jahr 1805 schloss sich das Kurfürstentum Baiern im „Bogenhausener Vertrag“ dem französischen Kaiser Napoleon an. Während die 30.000 Mann starke bairische Armee die österreichischen Truppen festhielt, gewann Napoleon die Dreikaiserschlacht von Austerlitz. Die Belohnung folgte auf dem Fuße: Baiern bekam Tirol und Vorarlberg und wurde am 1. Januar 1806 zum Königreich erhoben. Aus Kurfürst Maximilian Josef wurde der erste König Baierns, Maximilian I. Für diese royale Aufwertung forderte Napoleon von seinem Verbündeten nicht nur politische und militärische Unterstützung, sondern auch eine Heirat: Napoleons Adoptivsohn Eugène de Beauharnais, von Maximilian I. später zum Herzog von Leuchtenberg ernannt, heiratete noch im selben Jahr die bairische Prinzessin Auguste Amalie. Für dieses Paar wurde am Münchner Odeonsplatz das Leuchtenberg-Palais errichtet, in dem sich heute das Bayerische Staatsministerium der Finanzen befindet, wo ich 23 Jahre lang arbeiten durfte.

Man sieht: Intensiver war das Zusammenwirken der Baiern und Franzosen zu kaum einer früheren Zeit, der rege Austausch der beiden Kulturen veränderte Land und Leute nachhaltig.

Das gilt auch für die Sprache. Denn nachdem sich die neuen Beziehungen nicht nur auf die Herrscherhäuser und das Bildungsbürgertum beschränkten, sondern sich auch auf Kontakte in der Verwaltung, der inneren Sicherheit, der Rechtspflege und vor allem beim Militär erstreckten, kam es zu einem namhaften Einfluss des Französischen auf das Bairische. Unbedingt erwähnt werden muss aus dieser Ära Maximilian Joseph Graf von Montgelas, ein bedeutender bairischer Reformer. In München geboren, verdankte er seinen französischen Namen seinem Vater, dessen Familie zum savoyardischen Landadel gehörte. Auf Grund seiner Abstammung förderte er natürlich den französischen Einfluss auf das bairische Herrscherhaus sowie die bairische Verwaltung und Rechtspflege. Ihm dürfte es auch zu verdanken sein, dass sich die französische Revolution nicht auf Baiern übertrug und somit die Dynastie der Wittelsbacher Bestand hatte.

So sehr die Baiern sich über die gemeinsamen militärischen Erfolge mit Napoleon und die von ihm initiierte Erhebung zum Königreich freuten, so sehr wurden sie bald auf den Boden der Realität zurückgeholt. Am Russlandfeldzug Napoleons im Jahr 1812 nahmen 33.000 bairische Soldaten teil, von denen nur 3.000 zurückkamen. Es ist mehr als verständlich, dass dieser hohe Verlust an Vätern, Ehemännern, Brüdern und Söhnen der Begeisterung der bairischen Bevölkerung für Napoleon ein jähes Ende setzte. Hier ist anzumerken, dass an diesem Krieg auch Österreich und Preußen (!) auf der Seite Napoleons beteiligt waren. Deren Verluste fielen jedoch weitaus geringer aus, weil sie als Hilfskorps nie weit in russisches Gebiet eingedrungen waren und deshalb kürzere Versorgungs- und Rückzugswege hatten. An die vielen bei diesem Feldzug gefallenen bairischen Soldaten erinnert der Obelisk am Karolinenplatz in München. Dass außerdem in vielen Städten und Gemeinden Erinnerungstafeln oder Ehrenmale mit den Namen der aus dem jeweiligen Ort „zur Ehre des bairischen Königs" Gefallenen angebracht wurden, zeigt deutlich, wie einschneidend der Verlust so vieler Menschenleben für Baiern war.

Die Niederlagen Napoleons und seiner Verbündeten führten in ganz Deutschland zu einer antifranzösischen und national orientierten Bewegung. Bereits 1813 trat Baiern aus dem Bündnis mit Frankreich aus und stand, als auf dem Wiener Kongress Europa neu aufgeteilt wurde, auf der Seite der Siegermächte – was kein Schaden für Baiern war! Mit der bairisch-französischen Freundschaft war es damit aber nicht nur aus, sondern plötzlich sprach man in ganz Deutschland sogar vom „Erbfeind", der die Franzosen angeblich schon seit Jahrhunderten gewesen sein sollten. Kein Wunder, dass es nach einigen Jahrzehnten zu einem neuen Krieg zwischen den Deutschen und den Franzosen kam, und zwar 1870/71. Bei diesem Waffengang kämpften die Bayern – die nun, bekanntermaßen seit der Regentschaft Ludwigs I., das „y“ im Namen trugen – an der Seite der Preußen, gegen die sie erst 1866 den Krieg zusammen mit Österreich verloren hatten.

Dieser Krieg von 1870/71 hatte nicht nur die Errichtung vieler neuer Kriegerdenkmäler in bayerischen Gemeinden zur Folge, sondern eine noch tiefere und langanhaltende Feindschaft zwischen den Franzosen und den Deutschen. Dass Menschen in einer solchen Situation Hass entwickeln, ist nachvollziehbar, zumal dieser Hass auch noch von den damaligen Medien und der Staatsspitze geschürt wurde.

Die Erbfeindschaft gegenüber den Franzosen wurde in Deutschland in den folgenden Jahrzehnten weiter gepflegt und brachte uns sowohl im Ersten als auch im Zweiten Weltkrieg noch viel mehr Tote als der Krieg 1870/71. In vielen Orten Bayerns zeugen weitere Kriegerdenkmale mit langen Namenslisten der gefallenen Soldaten vom Wahnsinn dieser Kriege. Erst 1963 wurde mit dem Élysée-Vertrag ein deutsch-französischer Freundschaftsvertrag geschlossen, der seither zu einem gedeihlichen und wirklich freundschaftlichen Miteinander dieser beiden Staaten geführt hat. Sogar meine Eltern, die beide Weltkriege gegen den „Erbfeind“ miterleben mussten und entsprechend indoktriniert worden waren, erkannten die Sinnhaftigkeit und Bedeutung dieses Vertrags. Sie beteiligten sich am deutsch-französischen Austausch, der zwischen ihrem Wohnort Petershausen und der Gemeinde Varennes en Argonne initiiert wurde, und hatten wiederholt französische Teilnehmer der gegenseitigen Besuche bei sich daheim zu Gast.

Bairische Wörter mit französischen Wurzeln

Eines finde ich an der wechselvollen Geschichte der deutsch-französischen Beziehungen sehr interessant: Trotz vieler negativer Erfahrungen der Bayern mit den Franzosen (und umgekehrt) haben relativ kurze Phasen freundschaftlichen Zusammenwirkens genügt, um französische Wörter für lange Zeit in unserer bairischen Sprache zu verankern. Und deshalb habe ich den Großteil dieses Wortschatzes zusammengetragen und will ihn hier erläutern – nicht zuletzt vor dem Hintergrund, dass dieser Sprachschatz, ebenso wie unser bairischer Dialekt, gefährdet und in Baiern vom Aussterben bedroht ist.

Bei der Auswahl habe ich mich am Sprachgebrauch meiner Bairisch sprechenden Eltern orientiert, also die Wörter erfasst, die auch meine Eltern noch benutzt haben. Einige dieser Wörter haben auch Eingang in die deutsche Standardsprache gefunden.

Anders als bei den bairischen Wörtern mit lateinischen Wurzeln, die man oft nur noch mit Mühe als solche erkennen kann, werden viele der aus dem Französischen übernommenen Lehnwörter genauso wie im Französischen ausgesprochen. Das liegt natürlich daran, dass die lateinischen Wurzeln viel, viel weiter zurückliegen, den Klang des Französischen dagegen haben die meisten von uns ganz gut im Ohr.

Hier die noch von meinen bairischen Eltern benutzten Wörter mit französischen Wurzeln, alphabetisch geordnet:

àlà bonähr: ausgezeichnet, vortrefflich
Zu diesem französischen Ausdruck (*à la bonne heure* – wörtlich: zur guten Stunde) greift man gerne, wenn man der Küche ein hohes Lob aussprechen möchte, z. B.: „**Der Schweinsbråån war heit wieder àlà bonähr.**" (Der Schweinebraten war heute wieder spitze.)

Allä̱h: Allee
Im französischen Original: *allée* (vom Verb *aller* für „gehen“). Ursprünglich wurde damit der Gehweg in einem architektonisch akkurat angelegten Garten bezeichnet. Mit der Ausdehnung der großen Schlossgärten in die Landschaft bekam das Wort seine heutige Bedeutung als Bezeichnung für lange, gerade Wege oder Straßen, die beidseitig gleichmäßig von hohen, dicht beieinander stehenden Bäumen – meist Laubbäumen – begrenzt sind.

Bàgààsch: Gesindel
Das Wort kommt vom französischen *bagage* für „Koffer, Gepäck“. Im 16. und 17. Jahrhundert bezeichnete man damit umgangssprachlich den Tross eines Landsknechtheeres, vor allem das ihm auf dem Fuße folgende Gesindel – Gaukler, Bettler, Marketender –, das samt beachtlichem Gepäck mit ihm durch die Lande zog.

Bagàtöi: Bagatelle; kleine, unbedeutende Sache, Kleinigkeit
Die Bagatelle ist ein unverändert aus dem Französischen übernommenes Lehnwort. Ursprünglich kommt es vom lateinischen *baca* für „Beere, kleine Frucht“.

Bàlier: Polier, Vorarbeiter der Maurer und Zimmerleute
Das Wort kommt vom französischen *parler* für „sprechen“. Der **Bàlier** ist einer, der das Wort führt, der Anweisungen erteilt.

Barchàt: Barchent, Inlett
Stoff aus Kamelhaar heißt bei den Arabern *barrakan*. Das Wort kam mit den Umayyaden und deren Eroberung eines Großteils von Spanien auf den europäischen Kontinent und verbreitete sich weiter östwärts. Bei uns bezeichnet es den Stoff aus festem Gewebe, der z.B. die Federn von Bettdecke und Kopfkissen umschließt. Früher gab es auch in Bayern zahlreiche Barchentwebereien.

barterr: im Erdgeschoß
Par terre bedeutet wörtlich „auf der Erde; auf dem Boden“. Es wird im Bairischen nicht wie im Standarddeutschen substantivisch, sondern als lokales Adverb verwendet. Liegt eine Wohnung im Erdgeschoß, so wohnt man **barterr**.

bàrddu: unter allen Umständen, unbedingt, um jeden Preis
Dieses Adverb kommt vom französischen *partout* (wörtlich: *par* = durch und *tout* = ganz). Beispiel:

D' Rosi håt er se bàrddu eibuit.
Die Rosi hat er sich unter allen Umständen eingebildet, die wollte er auf Biegen und Brechen für sich gewinnen.

Bilääd: Fahrkarte, Eintrittskarte
Dem Wort liegt das französische *billet* (Eintrittskarte, Fahrkarte) zugrunde. Früher wurden Fahrkarten der Eisen- und Trambahn, die aus festem Karton bestanden, mit einer speziellen Zwickzange entwertet („gezwickt"), d. h. es wurde ein kleines Loch in die Karte gestanzt und sie so für weitere Einsätze unbrauchbar gemacht. Anders dagegen das **Fleißbilääd**: Als Anerkennung für Fleiß und gute Leistungen bekam man es in den unteren Schulklassen in Form eines Bildchens oder eines Sammelgutscheins. So manche Lehrkraft soll es schon wieder zur Motivation eingeführt haben.

Blàfon: (verputzte) Zimmerdecke
Hier geht es um den französischen *plafond*, die Zimmerdecke bzw. das Deckengemälde.

Beim altbayerischen Kartenspiel **Wàttn** kann man seinem Mitspieler mit einem kurzen, verstohlenen Blick an die Zimmerdecke – ohne dass es die Gegner merken – mitteilen, dass man keinerlei Trumpfkarte in seinem Blatt besitzt. Der Experte spricht dabei von **Blàfon deuten**.

Blàmààsch: Blamage
Das französische *blâmer* bedeutet „tadeln". Das Verb „blamieren" in der Bedeutung „bloßstellen, beschämen" wird in Bayern bereits seit dem 17. Jahrhundert verwendet.

Blümo̲, Blimo̲: Plümo̲; Federbett, Oberbett, Bettdecke
Das französische *plumeau* ist abgeleitet von *plume* für „Feder". Die Bezeichnung stammt aus der höfischen Welt des Barock und

Rokoko – und wir haben schon festgestellt, dass zu dieser Zeit niemand Frankreich kulturell und in Fragen des Luxus und Pomp das Wasser reichen konnte. Für die Betten der Reichen und Schönen wurden schon sehr früh Federbetten anstelle der vorher üblichen Strohsäcke verwendet. Der Ausdruck „in die Federn gehen" zeugt heute noch davon.

Böfflàmott: Sauerbraten nach Münchner Rezept
Das Wort stammt vom französischen *Bœuf à la mode* (Rindfleisch auf moderne Art) – eine bairische Verballhornung. Es handelt sich um ein traditionelles Münchner bzw. bayerisches Gericht aus Rindfleisch, bevorzugt Schulter oder Tafelspitz. Letzteres wird in Rotwein (in Franken auch in Weißwein) gebeizt und dann lange geschmort. Angeblich ist das **Böfflàmott** als französische Spezialität mit Napoleon nach Bayern gekommen.

Bolààsch: Fahrradlenkstange
Dieses Wort, das vom französischen *volant* für „Lenker" kommt, gehörte noch zum aktiven Wortschatz meines Vaters. Heute kennt es kaum noch jemand.

Mein Vater ging am Sonntagnachmittag gerne „zum Bier", also ins Wirtshaus. Einmal – es war zur Zeit des Maibock-Ausschanks (Starkbier) – kam er mit einer aufgeschlagenen Lippe nach Hause und erzählte uns:

„**Heit håt's mà bein Rààlfåhn 'Bolààsch verrissn, då håt's me gscheit auf d'Strass bràcklt und à so auf mein' Riàssl ghaut, dass i glei bliàt håb.**"
Heute hat es mir beim Fahrradfahren die Lenkstange verrissen, da hat es mich heftig auf die Straße geworfen und ich bin so auf dem Mund aufgeschlagen, dass ich sogar geblutet habe.

Man beachte dabei den Einsatz des schönen bairischen Verbums **bràckln** für „stürzen".

An den folgenden Tagen erzählte meine Mutter der Nachbarschaft, die sich nach der Ursache dieses Malheurs erkundigte, schadenfroh:

„À, dà Boog håt'n gstessn."
Ach, der (Mai-)Bock hat ihn gestoßen.

Bombardon: Basstuba
Der **Bombardon** ist das tiefste der gängigen Blechblasinstrumente. Das Wort ist über das französische *bombarder* für „bombardieren, etwas mit etwas beschießen" ins Bairische gelangt und der Bezug zum Bereich der militärischen Auseinandersetzung ist nicht von der Hand zu weisen: Der tiefe, brummende Klang der Basstuba erinnert an das dunkle Dröhnen von Kanonenschüssen.

Botschàmbàl: Nachttopf
Früher war es üblich, im Schlafzimmer einen Nachttopf (bairisch: **Nåchthàfe**; bei uns daheim bezeichnete man diesen Gegenstand verniedlichend mit dem Diminutiv **Nåchthàfàl**) zu haben, um ein gegebenenfalls notwendiges „kleines Geschäft" im Haus erledigen zu können und sich den – gerade in der kalten Jahreszeit unangenehmen – Weg zum meistens sich im Freien befindlichen Toilettenhäuschen zu ersparen. Aus dem „Topf für das Zimmer" (frz.: *pot de chambre*) haben die Baiern das für ihre Zunge einfachere **Botschàmbàl** gemacht.

Die folgende kurze Geschichte zeigt, dass man dieses Kulturgut gelegentlich nicht nur für das „kleine Geschäft" benutzte:

> Eine ältere Frau kommt ins Haushaltswarengeschäft und sagt: **„I brauchàd à neis Nåchthàfe."** (Ich bräuchte einen neuen Nachttopf.)
> Die Verkäuferin fragt nach: „Groß oder klein?"
> Darauf die alte Dame: **„Natürlich für ålle zwoà."** (Natürlich für alle beide.)

Ob kleineres oder größeres Gefäß, ob fürs „kleine" oder „große Geschäft" in Benutzung – so ein **Botschàmbàl** war aus Emaille oder Keramik. Letztere bezeichnete man früher in Baiern als **Scherm** (Scherbe). Grobschlächtige Männer pflegten ihren Gang zur Toilette mit folgendem Spruch anzukündigen:

Alle guten Geister loben Gott, unsern Herrn
und i muàß scheißn und findt koàn Scherm.
... und ich muss auf die Toilette und finde kein
geeignetes Gefäß.

Mit der Einführung der WCs ist dieses Kulturgut weitgehend obsolet geworden und zusammen mit ihm auch die Bezeichnung **Botschàmbàl** fast völlig verschwunden.

bussiern, poussiern: küssen, knutschen, schmusen
Das französische Grundwort dazu heißt *pousser,* das u. a. mit „antreiben, anfachen", aber auch mit „stöhnen, etwas hinausschmettern" übersetzt wird. Beispiel:

Da Hans håt gestern beim Schützenboi
mit der Resi bussiert.
Der Hans hat gestern auf dem Schützenball
mit der Resi geschmust.

Dez: Kopf, Hut
Im Französischen heißt der Kopf *tête*. Die Baiern nennen einen auffälligen, komischen Hut einen **Dez**.

Diwån: Diwan; niedrige, gepolsterte Liege ohne Rückenlehne
Das Wort hat eine lange Geschichte. Nach Baiern haben es die Franzosen – dort heißt es *divan* – zusammen mit dem so benannten Möbel gebracht. Sie selbst hatten beides aber bereits aus dem Türkischen und dem Arabischen entlehnt, wo es „Schreib- und Amtszimmer" bedeutete.

Den **Diwån** schützte man früher mit der **Diwåndeck** (Diwandecke) vor Abnutzung, man konnte sich damit auch zudecken, wenn man auf dem **Diwån** ein Nickerchen machte.

Du: alle Stiche beim Schafkopf (bairisches Kartenspiel)
Wörtlich bedeutet das französische Wort *atout*, das der Baier schlicht und leicht von der Zunge rollend als **Du** ausspricht, „Trumpf". Es kommt ursprünglich aus dem Lateinischen, und zwar von *ad totum* (auf das Ganze). Diese Bedeutung lebt beim

atout im bairischen Schafkopfspiel wieder auf: Wenn man ein besonders gutes Blatt in Händen hält, mit dem man ein Solo spielt und die Gegner voraussichtlich keinen Stich machen werden, dann kündigt man auf Bairisch einen **Du** an. Man will „auf das Ganze“ spielen, also alle Stiche machen. Geht nur ein Stich auf die andere Seite, hat man seinen **Du** verloren. Der Einsatz, um den in der entsprechenden Runde gespielt wird, verdoppelt sich beim **Du** automatisch.

jemandem eine duschn: jemandem einen Schlag versetzen
Hier könnte eine Verwandtschaft zu dem französischen *toucher* bestehen, das „berühren“ bedeutet – was aber von den Schriftgelehrten bezweifelt wird.

Wenn man einem eine **duscht**, ist das tatsächlich wesentlich mehr als eine Berührung, es verursacht mehr oder weniger starke Schmerzen. Gerne prahlten rauflustige Burschen nach einer Auseinandersetzung mit den Worten: „**Dem håb i Oàne duscht!**“ (Dem habe ich einen Schlag versetzt!)

Fisààsch: Gesicht, Gesichtsausdruck, Miene
Bezeichnet man das Gesicht eines Mitmenschen mit dem französischen Wort *visage*, so ist das abwertend gemeint und soll die Defizite in seiner Schönheit beschreiben. Der Baier benutzt dieses Wort im Fall einer persönlichen Abneigung oder gar im Streit auch dann, wenn der Kontrahent gar nicht hässlich ist – quasi als Provokation und Herabwürdigung. Ist ein Streit, eventuell durch die zusätzliche Provokation, zu einer Rauferei ausgeartet, bei der auch das Gesicht des Gegners deutliche Kampfspuren davongetragen hat, dann sagt der Sieger dieses Kampfes: „**Dem håb i sei Fisààsch gscheit demoliert.**“ (Dem habe ich sein Gesicht ziemlich stark verunstaltet.)

Fisimatenten: Ausflüchte, Winkelzüge, Faxen, Flausen
Angeblich haben die napoleonischen Besatzungssoldaten zu Beginn des 19. Jahrhunderts die deutschen Mädchen mit den Worten *„Visite ma tente!“* (Besuche mein Zelt!) eingeladen. Die Eltern dieser Mädchen wollten das verhindern und warnten:

Mach bloß koàne Fisimatenten!
Mach bloß keine solchen Besuche!

Heute bedeutet der Spruch allgemein: Mach bloß kein Fàxen! Oder: Spar dir deine Winkelzüge!

Fràsä, der: Tanz mit unterschiedlichen Figuren
Der Frasä, französisch die *Française*, ist ein aus Frankreich stammender Tanz zur Fledermaus-Quadrille von Johann Strauß (Sohn), bei dem alle Paare eine Folge von Tanzfiguren nach den Anweisungen eines Vortänzers ausführen. Heute wird der **Frasä** oft noch auf Bällen in der Stadt und auch bei Volkstanz-Veranstaltungen auf dem Land getanzt. Er ist verwandt mit der Quadrille, die zur Zeit Napoleons in Paris entstand.

Frisär, Frisäs: Friseur (Frisör), Friseurin (Frisörin)
Dem Wort liegt das französische Verbum *friser* zugrunde, das „in Locken legen, sich kräuseln" bedeutet. Der Begriff „Friseur" war im Französischen nie sehr gebräuchlich und ist mittlerweile ausgestorben. Heute heißt dieser Beruf in Frankreich *coiffeur*.

In Baiern nahm die Aufgaben des heutigen Friseurs früher der **Båder** wahr, der gleichzeitig auch eine Art Landarzt und Zahnarzt war. Medizinische Kenntnisse waren bei ihm nur rudimentär vorhanden. Weit entfernt von der Erfindung der staatlichen Krankenversicherung, musste die bäuerliche Bevölkerung die Behandlung aus der eigenen, meist leeren Tasche bezahlen, was die mäßige Nachfrage gegenüber dem „Båder" als Mediziner erklärt. Regelmäßig zum Einsatz kam er aber nach den in Baiern sehr beliebten Raufereien, um die Verletzten wieder „zusammenzuflicken".

Gàloschn: Galoschen
waren ursprünglich lederne Überschuhe, die heute in der Regel aus Gummi gefertigt sind. Sie dienen zum Schutz der eigentlichen Schuhe vor Schmutz und Feuchtigkeit und werden bei Bedarf übergestreift. Der französische Ursprung *galoche* übersetzt sich mit „Holzschuh, (Holz)Pantoffel".

Gàmàschn: Gamaschen
sind Kleidungsstücke, die an das Schuhwerk anschließen und, je nach Ausführung, die Oberseite des Fußes und die Beine – teilweise bis über das Knie – bedecken. Das Wort ist von dem gleichbedeutenden französischen *gamache* entlehnt, das aber seit dem 18. Jahrhundert in Frankreich selbst nicht mehr gebräuchlich ist und seinerseits arabischen Ursprung hat: *gild gadamasiy* bedeutet „Leder aus Ghadames", einer libyschen Stadt, in der besonders weiches Leder hergestellt und nach Spanien und weiter nach ganz Europa exportiert wurde.

Gàmàschn dienen heute noch als Stiefelersatz bei der Arbeit und beim Sport, zeitweise kamen bzw. kommen sie auch aus modischen Gründen oder als Teil von Uniformen zum Einsatz.

Gugumer/Gugumber, der: Gurke, die; auch: große gurkenförmige Nase
Das französische Wort für „Gurke" lautet *concombre*, dem seinerseits das gleichbedeutende lateinische *cucumis* zugrundeliegt.

Meine Mutter konnte sich im Teufelsrad auf dem Oktoberfest immer köstlich amüsieren, wenn der letzte auf dem sich drehenden Rad verbliebene Kandidat mittels eines an einem Seil befestigten, in Schwingung versetzten Medizinballs „heruntergeschossen" werden sollte und der Ansager diesen Vorgang mit den Worten „Auf die Gurke!" kommentierte.

Haschee: warmes Gericht aus gekochtem oder gebratenem Hackfleisch mit passender Soße
Das Wort kommt von *hacher* (hacken) bzw. *hachis* (Gehacktes). Statt Fleisch kann man damit auch Fisch oder Gemüse in küchenfertig zerhacktem Zustand bezeichnen.

Der Begriff stand früher auch oft am Beginn einer handfesten Rauferei, und zwar in Form folgender Drohung:

Wennst des nommoi sagst,
dann mach i Haschee aus dir!
Wenn du das nochmals sagst,
dann mache ich Hackfleisch aus dir!

Hotvolä: vornehme Gesellschaft, Hautevolee
Das Wort entspricht dem französischen *haute volée* für „hoher Rang, hoher Stand". Heute sind eher die Begriffe „High Society" und „Schickeria" gebräuchlich.

Joppm: Joppe
Dieses Wort für das Sakko hört sich typisch bairisch an, hat aber einen weiten Weg hinter sich: Es kam aus Arabien, wo ein baumwollenes Unterkleid *gubba* hieß, und weiter über das französische *jupe* (Rock) zu uns.

Der einfache Baier nennt die Joppm auch **Fràck**. Als sich ein Bekannter einmal beim Herrenausstatter Hirmer in München ein solches Kleidungsstück besorgen wollte und man ihn am Eingang nach seinem Wunsch fragte, sagte er: „**I brauchàd àn Fràck.**" (Ich bräuchte ein Sakko.) Daraufhin führte man ihn prompt in die Abteilung für Smokings und sonstige edlere Abendgarderobe, wo er natürlich keinen einzigen **Fràck** fand, der seinen Vorstellungen entsprochen hätte.

Kanàbä: Kanapee, Sofa
Hierbei handelt es sich um ein mehrsitziges, gepolstertes Sitz- und Liegemöbel mit Rücken- und Seitenlehne. Das ursprüngliche französische Wort *canapé* kam gleichzeitig mit diesem Möbel aus Frankreich im 18. Jahrhundert nach Baiern. Es geht zurück auf das lateinische *conopeum*, was „Himmelbett" bedeutet.

Die gleichnamigen kleinen Häppchen, die heute bei Empfängen und anderen Veranstaltungen serviert werden, waren bei den früheren Baiern nicht bekannt, sodass keinerlei Verwechslungsgefahr bestand.

kommod, kamott: bequem, gemütlich
Hier blieb man dem französischen Ursprung *commode*, was „praktisch, bequem, angenehm" bedeutet, treu.

Anstelle des heutigen „Fühl dich wie zuhause!" sagte man früher in Baiern:

Mach dà's nur kamott!
Mach es dir nur bequem!

Kurààsch: Courage, Mut
Das Wort wurde bei unveränderter Aussprache aus dem Französischen (*courage*) übernommen und steht für die typisch bairische **Schneid**.

Kuwe̱hr: Kuvert, Briefumschlag
Schon an der Aussprache erkennt man auch bei diesem Wort, dass es sich um einen ursprünglich französischen Begriff handelt, nämlich *couvert*, dessen Bedeutung „Umschlag“ unverändert übernommen wurde.

Làckl: Flegel, ungehobelter, grober Kerl, auch: Mann von respektabler Körpergröße
Für dieses Wort stand der französische General de Mélac Pate, der 1688/89 durch seine Mordbrennerei in der Pfalz berüchtigt war. Will man die fehlenden guten Manieren eines Mannes betonen, so spricht man vom **gschertn Làckl.**

Làvoàr, das: Waschschüssel, einfaches Waschbecken
Es handelt sich um das unveränderte französische *lavoir*, das bei den Franzosen allerdings ein gesamtes „Waschhaus“ statt nur die Waschschüssel bezeichnet und in Baiern heute kaum noch in Gebrauch ist.

Als die ersten Sommerfrischler die bairischen Berge für sich entdeckten, gab es in den Unterkünften noch kein fließendes Wasser, vielmehr mussten sich die Gäste mit einem solchen **Làvoàr** begnügen.

Aus dieser Zeit stammt das folgende Zwiegespräch zwischen einem Gast aus Amerika, der spricht, als habe er einen Knödel im Mund, und dem bairischen Zimmermädchen:

Zimmermädchen:	**Kemà Sie mit dem Làvoàr z'recht?** Kommen Sie mit der Waschschüssel zurecht?
Amerikaner:	*Oh yes, it is* schon okay.
Zimmermädchen:	**Aber Sie sàn doch für de kloàne Waschschüssel vui z'groß, oder?** Aber Sie sind doch für die kleine Waschschüssel viel zu groß, oder?

Amerikaner: Oh, das geht schon. Wissen Sie, *at first I wash myself from the* Kopf nach unten so weit wie *possible,* und dann *from the feet* nach oben, so weit wie *possible.*

Zimmermädchen: **Ja, und wià waschen S' nachà Ihrn – äh – Possible?**
Ja, und wie waschen Sie dann Ihren – äh – Possible?

Später schaut sich der Amerikaner im Dorf etwas um. Als er an einem Bauernhof vorbeikommt, will er den Burschen dort nach dem Weg zum Dorfwirtshaus fragen. Er schreit zu ihm hinüber: „*Hello, Mister!*"

Worauf der Bursche antwortet: „**I bin net der Mister, i bin der Melker.**" (Ich bin nicht der Mister , d.h. der fürs Ausmisten Zuständige, ich bin der Melker.)

lescher: ungezwungen, lässig, volksnah, leutselig
Mit diesem Adjektiv, das mit dem gleichlautenden französischen *léger* (leicht) identisch ist, beschreibt man höher gestellte Personen, die ohne Allüren auftreten und dem „kleinen Mann" nicht das Gefühl der Minderwertigkeit geben.

Loschie, die: Wohnung, Mietwohnung
Das zugrunde liegende französische Wort mit derselben Bedeutung ist *logis.*

Hatte jemand kein Wohneigentum, sondern lebte in einer Mietwohnung, dann sagte man früher über ihn: „Der wohnt in (der) **Loschie**." Wer von seinem Arbeitgeber neben seinem Gehalt freie Unterkunft und Verpflegung bekam, der arbeitete bei „freier Kost und **Loschie**".

Màdàm: Madame
Dieses französische Wort für „Frau" verwendet man in Baiern in der Regel für eine feine Dame. Meine Mutter benutzte es auch im abschätzigen Sinn für eine hochnäsige, nur scheinbar vornehme Frau, die angibt und recht **aufdràht** (sich aufwendig kleidet und rausputzt), obwohl es sich für sie nicht ziemt.

An dieser Stelle ist auch die **Bixlmàdàm** zu erwähnen, die aus einfachen Kreisen kommt, aber durch unehrenhaft erworbene Finanzmittel ihre teure Kleidung, Schmuck und andere Statussymbole finanzieren kann.

Malär: Malheur, Pech, Ungemach
Das französische *malheur* bedeutet in wörtlicher Übersetzung „schlechte Stunde“ (lateinisch *malus* = schlecht, *hora* = Stunde) – im Gegensatz zu *bonheur*, wörtlich „gute Stunde“ (lat. *bonus* = gut). Es wird im Sinne von „Missgeschick, Pech“ oder gar „Unfall“ gebraucht, also immer in Verbindung mit einem singulären Ereignis. Oft wird es mit dem Adjektiv „klein“ verbunden, um zu unterstreichen, dass es sich nicht um etwas allzu Schlimmes handelt. Von einem **kloànà Malär** (kleines Malheur) spricht man zum Beispiel, wenn Kleinkinder in die Hose gemacht haben. Bei Erwachsenen verzichtet man bei einem solchen Unfall auf das Adjektiv „klein“.

màlàd: krank, elend, schwach, erschöpft
Das gleichbedeutende französische Ursprungswort *malade* wird wie im Bairischen ausgesprochen. Sein Ursprung ist das lateinische *malus* für „schlecht“.

Mamsell: Fräulein
Hier handelt es sich um die bairisch verkürzte Aussprache des französischen Worts *mademoiselle* für „Fräulein, unverheiratete Frau“. Man bezeichnete damit eine leitende Hauswirtschafterin, die Verantwortliche für das Küchenpersonal (**Küchenmamsell**) oder die Verantwortliche für kalte Speisen und Buffets (**Kaltmamsell**). Frauen in diesen Funktionen galten auf Grund ihrer Kochkünste als „gute Partien“, die schnell einen Ehemann fanden – mit der Folge, dass in diesem Beruf meistens Unverheiratete tätig waren, die man entsprechend zu Recht **Mamsell** (Fräulein) nannte.

Eine meiner beiden Grundschullehrerinnen war das unverheiratete Fräulein Böller. Sie war keine **Mamsell**, hatte daher vom Kochen keine Ahnung. Ledig blieb Fräulein Böller wohl wegen des Lehrerinnenzölibats, das im Deutschen Reich anno

1880 eingeführt worden war. Diese Vorschrift untersagte den Lehrerinnen zu heiraten und bestimmte ihre Entlassung im Fall der Heirat. Sie war in der Weimarer Verfassung im Jahr 1919 aufgehoben, bereits 1923 aber aus arbeitsmarktpolitischen Gründen wieder eingeführt worden, überdauerte auch den Zweiten Weltkrieg noch und wurde erst 1951 endgültig abgeschafft.

marod, marode: matt, erschöpft, kränklich; auch: baufällig
Als Ursprung dafür dürfte das französische Wort *maraud* bzw. *maraude* für „miserabel" in Frage kommen. Sowohl der Zustand eines matten oder kränklichen Menschen als auch der eines baufälligen Gebäudes ist miserabel.

Menààsch: Verpflegung
schreibt sich im Französischen *ménage* und hat dort unterschiedliche Bedeutungen von „Haushalt" bis „Ehepaar". Im Bairischen hat man es früher als Synonym für „Essen" oder „Verpflegung" gebraucht.

mersse: danke
Dieses Wort aus den 1950/60er Jahren, das von dem ins Bairische übernommenen französischen *merci* für „danke" stammt, war damals vor allem unter jungen Leuten verbreitet. Nachdem diese Generation inzwischen älter geworden ist und die ein oder andere sprachliche Vorliebe sogar vererben konnte, hört man **mersse** in fast jeder Altersgruppe.

Diese etwas flapsige Dankesformel ziemt sich generell nur gegenüber Personen, die man duzt. Selbstbewusste Altbayern verwenden heute auch wieder gern das früher übliche „**Vergoit's God**" („Vergelte es Gott").

Wird man mit einer unangenehmen Nachricht konfrontiert, kommentiert man das mit einem trockenen, ironischen: **„Na, mersse!"** (Na, danke!)

muàttersejnalloà: mutterseelenallein; ganz verlassen, völlig und rundum allein
Das Wort könnte vom französischen *moi tout seule* (ich ganz allein) kommen. Die aus Frankreich ausgewanderten und geflohenen

Hugenotten sollen es mitgebracht haben. Die Deutschen haben phonetisch „mutterseel“ verstanden und die Erweiterung um „allein“ (frz. *seul, e*) vorgenommen, um den ursprünglichen Sinn des Wortes zu erhalten.

Oràschn: Orange, Apfelsine
Dieses Wort hat eine lange und weitverzweigte Geschichte mit arabischen, persischen, altprovenzalischen und spanischen Wurzeln. Das spanische Wort heißt *nāranja*. Das hier führende „n“ ging bei der Entlehnung aus dem Spanischen ins Französische verloren und führte zu Orange. Über die Franzosen kam es dann auch nach Deutschland und Baiern.

Oràschn waren in meiner Kinder- und Jugendzeit teuer und daher etwas ganz Besonderes. Vor allem der Nikolaus und das Christkindl brachten diese wohlschmeckenden Früchte. Leider kamen diese beiden Gabenbringer jährlich nur einmal vorbei.

Ottàmàn: Ottomane, Liegesofa, ursprünglich mit halbrunden Armlehnen, ohne oder mit kurzer Rückenlehne
Das französische Adjektiv *ottoman* bedeutet „osmanisch“ und lässt vermuten, dass dieses Möbel ursprünglich bei den Türken in Gebrauch war und von diesen nach Europa gebracht wurde.

Pàràplui, der/das: Regenschirm
Die französische Bezeichnung für einen Regenschirm ist *parapluie*. In diesem Wort ist auch der lateinische Ursprung deutlich zu erkennen: Das lateinische *pluit* heißt „es regnet“. Fast ein Synonym hierzu ist das nächste Wort:

Pàràsui, der/das: Sonnenschirm (städtisch), Regenschirm (ländlich)
Dem liegt das französische Wort *parasol* zugrunde, das „Sonnenschirm“ bedeutet. Auch hier findet man schnell den Bezug zur lateinischen Abstammung: Das lateinische *sol* bedeutet „Sonne“. Die feinen städtischen Damen benutzten diesen Gegenstand gern zum Schutz gegen die Sonnenstrahlen. Das geschah weniger wegen der heute bekannten Hautkrebsgefahr als vielmehr deshalb, weil bleiche, weiße Haut als vornehm, ein dunkler Teint dagegen

als Zeichen eines niedrigen Standes galt. Gebräunt war nur, wer häufig in der Sonne arbeiten musste.

Die frühere Landbevölkerung dagegen sah im **Pàràsui** ebenso wie im **Paraplui** einen Regenschirm. Den Sinn eines Schirms gegen die Sonnenstrahlen konnte man sich nicht erklären, dafür hatte man ja schließlich Hut und Kopftuch.

Der **Schwàmmerlsucher** (Pilzsucher) kennt heute den **Parasol** (**Obacht,** nicht: **Parasui**!) auch als schmackhaften Speisepilz mit großem Schirm.

Perron, der: Bahnsteig
Dieses rein französische Wort ist nahezu ausgestorben. Nur wenige Baiern können sich noch daran erinnern, dass man früher eine **Perronkarte** lösen musste, um den Bahnsteig betreten zu dürfen, um Reisende zu verabschieden oder abzuholen. Wie die Fahrkarten wurde auch diese Karte von einem Bahnbeamten an der „Sperre" beim Betreten des Bahnsteigs mit einer Zange „gezwickt" und dadurch entwertet.

Lenin, der vor der von ihm initiierten Russischen Revolution einige Jahre in München lebte, soll einmal gesagt haben: „Die Deutschen [und damit auch die Bayern; Anm. d. Autors] taugen nicht zur Revolution. Wenn sie einen Bahnsteig stürmen, so lösen sie vorher eine **Perronkarte**."

Pissoàr: Pissoir, Stehtoilette für das kleine Geschäft der Männer
Das Wort setzt sich zusammen aus dem Verb *pisser* (pinkeln) und dem Suffix „-oir" (von lateinisch *-orium* = der Ort, wo etwas geschieht). Ein **Pissoàr** kann sowohl ein eigenständiges Gebäude als auch eine Abteilung einer Toilette sein.

Allgemein bekannt und heute noch üblich ist die dem Zweck der Druckerleichterung dienende lange Rinne auf Volksfesten, an der Mann neben Mann steht und sich von dem kurz vorher teuer erstandenen Bier wieder trennt. Interessant sind dabei die unterschiedlichen Charaktere – vom schüchternen Typ, der seinen „Wasserhahn" am liebsten verstecken würde, bis hin zum Angeber, der nicht nur sein Hosentürl, sondern gleich die ganze Hose öffnet und seine Männlichkeit mehr zelebriert, als dass er sich auf den eigentlichen biologischen Vorgang konzentriert.

An einer solchen Rinne standen einmal zwei Herren und schlugen ihr Wasser ab, ein sehr großer und ein sehr kleiner. Der Kleine blinzelte ständig mit den Augen. Das fiel dem Großen auf und er fragte seinen Nachbarn:

„Sång S' àmoi, warum blinzeln Sie denn dauernd? Ham Sie à Augnkrankheit?"
(Sagen Sie mal, warum blinzeln Sie denn ständig? Leiden Sie an einer Augenkrankheit?)
„Nàà, Sie spritzn à so!"
(Nein, Sie spritzen so!)

Portmonä: Portemonnaie, Geldbörse
Bei diesem Gegenstand, französisch *portemonnaie*, geht es um das Behältnis, in dem Geld (frz. *monnaie*) getragen (frz. *porter*) wird, und zwar in erster Linie Bargeld. Besitzt jemand sehr viel Bargeld, reicht das Portemonnaie nicht mehr aus, um es aufzunehmen. Dann benötigt man dafür einen Sack. Interessanterweise nennt man nicht nur einen derart benutzten Sack, sondern – sogar bevorzugt – seinen Besitzer einen „Geldsack".

Solche Menschen sind oft dadurch zu ihrem Reichtum gekommen, dass sie bei einem Geschäft auch noch die letzte Kleinigkeit herausgeholt haben. Über solche Typen lästert der Baier:

Der mächt d' Laus um àn Boig schindn.
Der möchte die Laus um den Balg schinden.

So ein Halsabschneider würde am liebsten sogar noch einer winzigen Laus ihre lebensnotwendige Haut ausziehen.

Rähràgu: Rehragout
Ein Gericht mit kleinen Fleischstücken vom Reh in pikanter Soße. Das französische Wort *ragoût* wird unverändert im Deutschen verwendet. Im wildreichen Baiern war und ist das **Rähràgu** sehr beliebt – einerseits beim jährlichen Jagdessen, das die Jagdpächter für die Waldbesitzer ausrichten, andererseits bei den Wilderern. Letztere singen gerne das Lied vom **Rähràgu**, um damit den Inhaber des Jagdreviers augenzwinkernd zu verspotten:

Ja wås gibt's denn heit auf d'Nacht?
Ja wås gibt's denn heit auf d'Nacht?
Heit gibt's à Rähràgu, à Rähràgu, à Rähràgu.
Ja wås gibt's denn heit auf d'Nacht?
Ja wås gibt's denn heit auf d'Nacht?
Heit gibt's à Rähràgu, à Rähràgu auf d'Nacht.

Gelegentlich ergänzen dann die Musikanten:

Ja, i wissàd mà wås Feiners:
Ja, ich wünschte mir etwas Feineres:
Von dà doutn Sau à Schweiners.
Von der toten Sau ein Schweinefleisch.
Heit gibt's à Rähràgu, à Rähràgu auf d'Nacht!

räsonieren: nörgeln, kritisieren, schimpfen
Das französische Grundwort hierzu lautet *raisonner* für „denken, hinterfragen, Einwendungen machen; begründen". Das aus diesem Wort gebildete Substantiv existiert nur im Bairischen und lautet **Räsonierer.**

Wenn mein Vater schlechte Laune hatte, dieses und jenes kritisierte und es ihm niemand recht machen konnte, sagte meine Mutter zu ihm: „**Du bist à-n oider Räsonierer.**" (Du bist ein alter Nörgler.)

Revààsch: Vergeltung, Rache
Ein Lehnwort, das man im Französischen *revanche* schreibt und dort dieselbe Bedeutung hat. Da man, zum Beispiel beim Kegeln oder Eisstockschießen, nicht gerne mit einer Niederlage nach Hause geht, verlangt man nach einer solchen noch an Ort und Stelle eine **Revààsch**, ein neues Spiel, und zwar mit den Worten:

Des nehmà revààsch.
Wörtlich: Das nehmen wir revanche.
Sinngemäß: Wir verlangen Revanche.

retour: zurück, rückwärts
Das französische Substantiv *retour* bedeutet „Rückkehr, Rück-

sendung, Erwiderung". Meine Eltern verwendeten das Wort **retour** noch regelmäßig und zogen es dem **z'ruck** (zurück) oft vor. Um mit Nachdruck darauf hinzuweisen, dass es jetzt rückwärts zu gehen habe, wählten sie die deutlichere Formulierung **àrschlings retour** – eine Tautologie, weil auch **àrschlings** die Rückseite (des Menschen) und damit das Gegenteil von vorwärts beschreibt.

Ringlo: Edelpflaume
Eine gelbe oder rote Pflaumenart, kleiner als die Zwetschge, die nach der französischen Königin (frz. *reine*) Claude (* 1494), der Frau von Franz I., auf Französisch „Reineclaude", auf Deutsch „Reneclode" genannt und von den Baiern vereinfacht zur **Ringlo** gemacht wurde.

Ritterkiel: netzartiger Beutel
Die Bedeutung dieses Wortes hat weder etwas mit einem „Ritter" noch mit einem „Kiel" zu tun. Tatsächlich geht es hier um einen netzartigen Beutel, in dem man z.B. den Dienstboten früher die Brotzeit aufs Feld brachte.

Ein gänzlich anderes Trageutensil war Namensgeber dieses Beutels: Ursprünglich nannten die Franzosen die kleinen Täschchen, in denen die feinen Frauen ihr Handarbeitsmaterial aufbewahrten, *ridicule*. Das bedeutet „Lächerlichkeit" (von lateinisch *ridiculus*), weil diese Täschchen so lächerlich klein waren, dass man kaum etwas darin unterbringen konnte. Das Wort wurde ins Bairische übernommen, sinnfrei, aber für die bairische Zunge leichter auszusprechen, in **Ritterkiel** umbenannt und schließlich – sinnwidrig – auch für größere Behälter verwendet.

Rollo: Rolljalousie
Der (bairische!) **Rollo**, dem das gleichbedeutende französische *rouleau* (*die* Rolle) zugrunde liegt, fällt unter den Oberbegriff **Schalusie** – mit der Besonderheit, dass diese Vorrichtung aus lauter kleinen Stäben bzw. Lamellen besteht, sodass man sie, passenderweise, auf- und abrollen kann.

Zu **Schalusie** s. eigenes Lemma.

Sàkràdi: abgeschwächter Fluch
Das Fluchen bringt dem Menschen nicht nur seelische Erleichterung bei Ärger und Wut, inzwischen ist sogar erwiesen, dass lautes Schimpfen Schmerzen mildert. Unbestritten war früher das Fluchen nicht nur eine weiter als heute verbreitete Unsitte, es gab dabei auch eine deutlich größere Bandbreite, die von abgewandelten, euphemistischen Flüchen, bei denen man den Charakter eines Schimpfwortes abmildern oder gar verbergen wollte, über „normale" Flüche, die aus nur einem heiligen Wort bestanden, bis zu extrem deftigen Flüchen reichte, bei denen mehrere der heiligen Wörter aneinandergereiht und zusätzlich mit einem **Bluàds-** (Bluts-) und/oder einem **Alleluja** verstärkt wurden, richtige „Fluchketten", z. B. wenn ein Motor nicht anspringen wollte:

HimmeHerrgottSakramentKreizKruzifixAlleluja-
BluàdsGlumpVerreckts.

Sàkràdi ist die bairische Aussprache des französischen *sacre dieu* (heiliger Gott). Durch die Inanspruchnahme der Fremdsprache sollte davon abgelenkt werden, dass auch hier ein heiliges Wort missbraucht, also geflucht wurde.

Schaffär: berufsmäßiger Fahrer motorgetriebener Straßenfahrzeuge zur Beförderung von Personen
Im Französischen schreibt man das Wort *chauffeur*. Wird es im Bairischen für eine freundschaftlich vertraute Privatperson verwendet, die das Fahrzeug steuert, in dem man gemeinsam reist, so will man mit dieser Bezeichnung Dank und Lob für die kompetente, professionelle Fahrweise zum Ausdruck bringen.

Schalusie: Jalousie, Rolladen, Sichtschutz an Fenstern
Die *jalousie* kommt ursprünglich aus dem Orient. In den spätosmanischen Palästen waren kunstvoll verzierte Gitter mit filigraner Musterung vor den Fenstern befestigt, die den Blick nach draußen ermöglichten und gleichzeitig den Blick von außen in die Räume verwehrten. In Frankreich kamen im 19. Jahrhundert ähnliche Vorrichtungen auf, die dem gleichen Zweck dienten,

aber wesentlich schlichter waren. Heute ist **Schalusie** ein Synonym für den Rolladen.

Das Herunterlassen der **Schalusien** erfordert keinen Kraftaufwand, da die Schwerkraft des Rolladens dafür ausreicht. Mit diesem Vorgang vergleicht eine sehr müde Person den Zustand ihrer Augenlider:

Mei, i bin so miàd,
mir haut's meine Schalusien scho åwe.
Ach, ich bin so müde,
mir fallen meine Jalousien schon (von alleine) zu.

Schànzàl: angenehmer Posten
Oft ist der „angenehme" Posten heute ironisch gemeint. Meistens geht es nämlich um eine ehrenamtliche, unentgeltliche Tätigkeit, die nur Arbeit und oft sogar noch Ärger mit sich bringt. Zugrunde liegt die französische *chance*, mit der eine günstige Gelegenheit, ein Glücksfall bezeichnet wird.

Man kann dieses Wort aber durchaus auch in seiner ursprünglichen positiven Bedeutung verwenden, zum Beispiel wenn ein verdienter Politiker auf einen weniger stressigen „Austragsposten" gesetzt wird. Dann sagt man:

Für den ham s' doch àà no à Schànzàl gfundn.
Für den hat man doch auch noch einen angenehmen Posten gefunden.

Schäslo, die: Sofa, Couch
Es handelt sich um die bairische Aussprache des französischen Wortes *chaiselongue* (wörtlich: langer Stuhl), mit dem man eine gepolsterte Liege mit Kopflehne bezeichnet.

Schäsn: Kutsche; auch: Schimpfwort für eine unbeliebte alte Frau
So spricht der Baier das französische Wort *chaise* aus, das „Stuhl" bedeutet. **Schäsn** nannte man früher nicht nur den Kutschenwagen mit beweglichem Verdeck, sondern auch den Kinderwagen oder ein altes, klappriges Auto. Letzteres oder eine unbeliebte alte Frau bezeichnete man als **oide Schäsn.**

Schamàserl: Feuerzeug, das nie funktioniert
Das Wort kommt von französisch *jamais*, das „nie" heißt. Die Endsilbe „-erl" bezeichnet etwas Kleines. Wenn es grammatikalisch möglich wäre, hätten wir hier also das Diminutiv (Verkleinerungsform) von „nie". Genauso ungewöhnlich wie diese Form ist auch die Lebensdauer dieses Wortes. Es kam mit den ersten Taschenfeuerzeugen Anfang des 20. Jahrhunderts auf und war schon nach dem Zweiten Weltkrieg kaum noch zu hören.

Schanddàm: Polizist, Schutzmann
Das entsprechende französische Wort schreibt man *gendarm*. Es wird im Französischen – im Gegensatz zur Aussprache bei der bairischen Landbevölkerung – auf der zweiten Silbe betont. Die vornehmen bairischen Städter blieben bei der französischen Urform **Schandàrm**.

Die Abkürzung lautet **Schàndi**. Bei dem Kinderspiel **Reiwer und Schàndi** (Räuber und Gendarm) werden die Räuber von den **Schàndis** gejagt.

Schàrivári, das: Schmuckgehänge an Trachtenkleidung
Der Name kommt ursprünglich vom lateinischen *caribaria* (Durcheinander) und fand seinen Weg zu Zeiten Napoleons über das provenzialisch-französische *charivari* (Wirrwar, Krawall) zu uns. In Baiern versteht man unter einem **Schàrivàri** eine Schmuckkette, die über der Schürze oder dem Hosenlatz getragen wird und an der die unterschiedlichsten kleinen Preziosen und Kuriositäten baumeln können, zum Beispiel Silbermünzen und -medaillen, Zähne und Krallen von Wildtieren, Teile von Geweihen usw. Bei der Auswahl dieser Objekte sind dem Besitzer mit Ausnahme der Größe keine Grenzen gesetzt.

schenànt: schüchtern, unsicher, verschämt, sittsam, verlegen
Dieses Adjektiv kommt – wie das Verbum „sich genieren" – vom französischen *gêner* für „verlegen machen, peinlich sein".

Beispiel:

De is so schenànt, dass' scho rot werd,
wennst às bloß oschaugst.

Die ist so sittsam, dass sie schon errötet,
wenn man sie nur anschaut.

Die folgende Geschichte zeigt, dass man sich manchmal auch wegen seiner peinlichen Begleitung genieren muss.

> Ein Polizist hat einen Taschendieb erwischt. Er hält ihn fest und ist mit ihm auf dem Weg zum Revier. Die Leute auf der Straße schauen und schmunzeln dabei. Da meint der Dieb: „**Mächtn S' net à påår Schritt vor meiner geh, Herr Wachtmoàster? Mit Eàhnà muàß mà se ja geniern!**" (Könnten Sie nicht ein paar Schritte vor mir gehen, Herr Wachtmeister? Mit Ihnen muss man sich ja schämen!)

schikaniern: ärgern, drangsalieren
Dem liegt das französische Wort *chicaner* für „ärgern, miteinander streiten" zugrunde.

Wenn meine Mutter mit einer schlampigen Arbeit meines Vaters nicht zufrieden war, gab er ihr regelmäßig zur Antwort: **„Du mächst mi ja bloß schikaniern."** (Du möchtest mich doch nur drangsalieren.)

Mein Vater hat mir eine Geschichte aus seiner Zeit beim Barras, in einer Kaserne in Prag gegen Ende des Zweiten Weltkriegs, erzählt, die zeigt, wie vor allem die Feldwebel die einfachen Soldaten schikaniert haben.

> Der Feldwebel drückte meinem Vater einen Eimer und einen sehr kleinen Putzlumpen in die Hand und befahl ihm, damit einen langen Gang zu reinigen. Im Knien führte er diesen Befehl aus – immer wieder den Boden mit dem Lumpen befeuchten, auswringen, wieder befeuchten usw. Quadratmeter für Quadratmeter. Als mein Vater nahezu fertig war, ging der Feldwebel an ihm vorbei und stieß den Eimer mutwillig um. Ohne sich Protest erlauben zu dürfen, nahm mein Vater den kleinen Lumpen und wischte mühsam das ganze Putzwasser wieder auf. Diese Geschichte schloss mein

Vater meistens mit einem Kommentar über den Feldwebel: „**Der Dreeghàmme, der drecke.**" (Der Dreckhammel, der dreckige.)

Schilãh, das: Herrenweste
Zu einem vornehmen Herrenanzug gehört eine Weste. In Baiern nennt man diese auch **Leiwe** oder **Leiwerl**. Früher war die Bezeichnung **Schilãh** üblich, die bairische Aussprache des gleichbedeutenden französischen Worts *gilet*. Die Franzosen hatten es ihrerseits aus dem Arabischen importiert.

In meiner Jugendzeit ließen sich alle männlichen Mitglieder unserer Clique beim örtlichen Schneider Radlmeier einen Anzug mit Weste nähen, die wir scherzhaft **Schilähwestnleiwe** nannten, also eine doppelte Tautologie (Gilet – Weste – Leiwerl).

Schmisettl, das: gestärkte Hemdbrust
Chemise ist die französische Bezeichnung für das Hemd, *chemisette* ist die Verkleinerungsform hierzu, auf Bairisch **Schmisettl**. So bezeichnete man die gestärkte Hemdbrust an edlen Frack- und Smokinghemden oder auch das sogenannte Vorhemd, ein mit Stoff überzogener Karton, mit dem man einen (preiswerten) optisch besseren Eindruck erzielen wollte.

Zum Thema Raufen hat der Baier eine ganze Reihe von Drohsprüchen auf Lager. Einer davon lautet:

I heb de glei raus aus deim Schmisettl.
Ich hebe dich gleich heraus aus deinem Hemdchen.

Schwolischee, Schwàlàngscher: militärischer Posten, Angehöriger der leichten Kavallerie
Das Original lautet im Französischen *Chevauléger*, das aus *cheval* (Pferd) und *léger* (leicht) gebildet ist. Die **Schwolischee** galten schon zu Beginn und bis zum Ende des bayerischen Königreichs als die charakteristische Waffengattung des bayerischen Heeres und genossen, nicht zuletzt wegen ihrer schmucken Uniformen und ihres beeindruckenden Auftretens samt ihren stattlichen Pferden, hohes Ansehen in der heimischen Bevölkerung.

Stellààsch: Stellage, Regal
Dieses Wort klingt französisch, ist es aber nicht. Hier wurde lediglich dem deutschen Verb „stellen“ eine französische Endung samt Erhebung zum Nomen verpasst.

Es ist im Bairischen nicht nur die Bezeichnung für ein Regal, sondern auch für eine ungewöhnliche Körperhaltung: **„Wås håst denn du für à Stellààsch?“** Was hast denn du für eine merkwürdige Statur?)

tràtzn: necken, hänseln, provozieren
Im Französischen, wo das Wort herkommt, heißt es *tracasser* und bedeutet „schikanieren, quälen“. Gibt man seinem Magen trotz großen Hungers nur eine kleine Portion, so nennt man diese in Baiern ein **Mångtràtzerl** (Magenneckerl).

Am liebsten **tràtzt** der Baier die **Breißn**, wie man an der folgenden Geschichte aus dem Büchlein mit dem Titel „Breißn dratzn oder: Bairisch für Zugereiste“ von Ludwig Merkle, dem Autor der Bairischen Grammatik, sehen kann: In „Zwoamoi Rossboin, Herr Wirt“ empfiehlt der Autor den **Breißn**, in einem bairischen Lokal die vermeintliche bairische Spezialität „Roosboin“ zu bestellen, und gibt dazu eine herrliche Erklärung.

> *Die Bowle wird in München „Boin“ genannt, so wie die Rolle „Roin“ oder der Weihnachtsstollen „Schdoin“. Beliebter als Waldmeister-, Ananas- und Pfirsichbowle, und auch bekömmlicher, ist die Rosenbowle, die „Roosboin“, eine Altmünchner Spezialität. Sie wird von Mai bis Oktober in vielen Lokalen ausgeschenkt, wo man noch Wert auf Tradition legt (zum Beispiel: Bayerischer Hof). Da ihre Zubereitung große Mühe macht, steht Roosboin meist nur an einigen Tagen der Woche auf der Getränkekarte. Liebhaber, oft ausgesprochene Roosboinsammler, fragen deshalb meist gleich beim Betreten des Lokals: „Gibt's bei eich heit Roosboin?“ (Gibt es bei euch heute Rosenbowle?)*

Vorsorglich sei hier die tatsächliche Bedeutung des Wortes **Roosboin** erklärt. Wörtlich handelt es sich um „Rossbollen“, also

Pferdeäpfel, die festen Ausscheidungsprodukte der Rösser – nicht wirklich für eine Bowle geeignet.

Trottoàr: Gehsteig
Für den Gehsteig wurde bis zur Generation meiner Eltern auch in Baiern meistens noch das französische Wort *trottoir* verwendet. Inzwischen hört man es kaum noch.

Vestibül: Vorhalle
Das Vestibül (frz. *vestibule*; lat. *vestibulum*) ist die Bezeichnung für eine aufwendig ausgestaltete, repräsentative Eingangshalle. Auch in der Bayerischen Staatskanzlei führt der Weg in den großen Kuppelsaal über das Vestibül.

wisàwi: gegenüber
Das französische *vis-à-vis* bedeutet „gegenüber“ und wurde unverändert von den Baiern übernommen. Auch dieses Wort, das noch meine Eltern verwendeten, ist inzwischen stark im Rückzug begriffen.

Dass es bei den Schülern auch schon 1981 nicht mehr richtig bekannt war, zeigt ein Beispiel aus einem Aufsatz aus diesem Jahr, den man in Ludwig Zehetners „Bairisches Deutsch“ findet: *Der Bus hält wie so wie von unserm Haus.*

Zum Abschluss dieses Kapitels noch ein Spruch, der sich stark nach Französisch anhört, aber doch reines Bairisch ist:

I moà scho à! Oder: **I moà do scho à!**
Wörtlich: Ich meine (doch) schon auch!
Frei übersetzt: Das will ich aber schwer hoffen!

Baiern und Preußen – wie Feuer und Wasser

Aus den bisherigen Kapiteln dieses Buches wissen wir: Die Römer hatten unser Baiernland vor 2000 Jahren besetzt und sind 500 Jahre geblieben. Sie haben uns viele ihrer lateinischen Wörter gebracht, die in unserer bairischen Sprache heute noch weiterleben. Im Laufe der folgenden Jahrhunderte kamen hebräische, jiddische, slawische, griechische und italienische Einflüsse auf die bairische Sprache hinzu. In der jüngeren Vergangenheit haben schließlich auch noch die Franzosen unseren Wortschatz bereichert. Aber die Nachbarn im Westen waren nicht die einzigen Einflussnehmer in jüngster Zeit.

Kommen wir also zu einer ganz besonderen Spezies: zu den Preußen. Mit diesen hatten wir in der bayerischen Geschichte gelegentlich zu tun, sei es während der Regentschaft des Alten Fritz, in napoleonischer Zeit oder unter Bismarck. Bis zur Mitte des 20. Jahrhunderts blieb trotzdem der bairische Dialekt von preußischen Einflüssen weitgehend verschont. Erst nach dem Zweiten Weltkrieg wurde das anders: Der preußische Einfluss auf Bayern und die bairische Sprache nahmen enorm zu. Entgegen ihren früheren Gepflogenheiten eroberten die Preußen Bayern nicht militärisch. Nein, in großer Zahl verlegten sie einfach ihre Wohnsitze nach Bayern, insbesondere nach Altbayern. Und so kam es zu den Auswirkungen auf unseren Dialekt, bis zu dessen Verdrängung, wie ich sie im Kapitel „Mein Dialekt – mein Bairisch" beschrieben habe. Vor allem in den größeren Städten hört man Bairisch heute kaum noch.

Im Gegensatz zu den früheren Einflüssen anderer Sprachen, die eine Bereicherung des bairischen Dialekts waren, stellt die preußische Einflussnahme nicht nur keine Bereicherung, sondern eine große Gefahr dar. Denn wenn es so weiter ginge, würde der bairische Dialekt wohl bald aussterben.

Im Folgenden will ich einen Blick auf die Herkunft der Preußen, ihre Geschichte in den letzten 300 Jahren und die daraus resultierende Abneigung der Baiern gegen die „Nachbarn“ aus dem Norden werfen. Außerdem werde ich mich mit den Gemeinsamkeiten und den Unterschieden zwischen der Sprache der Altbayern (Baiern) und dem Standarddeutschen der Preußen befassen. Fangen wir damit an, woher die Preußen kommen und was der Baier unter einem Preußen versteht.

Zu Beginn des 18. Jahrhunderts waren Preußen ausschließlich die Bewohner des Königreichs Preußen. Im Jahr 1701 war der vorherige Kurfürst Friedrich III. von Brandenburg aus dem Hause Hohenzollern als Friedrich I. in Preußen zum ersten preußischen König gekrönt worden. Das heißt: Er setzte sich selbst die Krone auf, um der Welt seine Bedeutung und Souveränität zu zeigen. Anschließend krönte er seine Gemahlin. Eine unglaubliche Anmaßung! Aber so sind die Preußen halt.

Dieses Königreich umfasste zunächst nur Brandenburg und das östlich davon gelegene Preußen. Im Laufe der folgenden Jahre gelang es den preußischen Herrschern, ihr Territorium kontinuierlich auszudehnen, bis es schließlich weite Teile Deutschlands nördlich der Mainlinie umfasste. Dass man sich mit einer derartigen Expansionspolitik keine Freunde macht, liegt auf der Hand.

Bayern war lange Zeit nicht von diesen Ausdehnungsbestrebungen betroffen. Als einschneidendes Ereignis erwies sich erst der Deutsch-Deutsche Krieg 1866, den die Bayern an der Seite Österreichs gegen die Preußen verloren. Bayern musste zwar keine Gebiete abtreten, aber von da an mehr oder weniger nach der Pfeife der Preußen tanzen. Mit der Folge, dass sich die schon vorher bestehende Abneigung der überwiegend katholischen Bayern gegen die protestantischen Preußen weiter verstärkte.

Zum Beispiel bei der Einführung der Wehrpflicht: Ein Grund für die Niederlage der Bayern im Krieg von 1866 dürfte gewesen sein, dass Preußen längst die allgemeine Wehrpflicht eingeführt und deshalb deutlich größere Kampfstärke hatte. Der Stachel dieser Niederlage saß tief, Bayern sah sich gezwungen nachzuziehen und entschied sich bald darauf ebenfalls für die Einführung der Wehrpflicht, obwohl die Mehrheit der Bevölkerung vermutlich dagegen war. Für die Bayern war klar, dass die eigentlichen Verursacher dieser Entscheidung die Preußen waren – einer der vielen Gründe, diese Spezies nicht besonders zu mögen. Noch schlimmer wurde es dann 1870/71: Die Bayern mussten nolens volens an der Seite der Preußen in den Krieg gegen Frankreich ziehen und viele junge bayerische Soldaten verloren dabei ihr Leben. Diese bittere Erfahrung förderte natürlich die antipreußische Haltung noch weiter.

Für die schwer belastete bayerische Bevölkerung war der deutsche Sieg nur ein schwacher Trost. Bei der unmittelbar nachfolgenden Gründung des Deutschen Reichs im berühmten Spiegelsaal von Schloss Versailles wurde ausgerechnet ein Preuße zum Deutschen Kaiser gekrönt, und das doch so selbstbewusste Bayern musste sich mit ein paar Sonderrechten abspeisen lassen (Eisenbahn, Post- und Telegrafenwesen, Militär, Branntwein- und Biersteuer). Es war für die bayerischen Untertanen kaum verständlich, dass der von Bismarck bestellte „Kaiserbrief", mit dessen Hilfe dem preußischen König die Kaiserwürde für das Deutsche Reich angetragen wurde, ausgerechnet vom bayerischen König Ludwig II. geschrieben worden war. Dass dieser den Brief dem Preußenkönig nicht personlich übergeben, sondern seinem Oheim, dem späteren Prinzregenten Luitpold, diese heikle Aufgabe überlassen hatte, machte die Sache nicht besser. Besonders schlimm aber wurde es für die bayerische Bevölkerung, als bekannt wurde, dass sich Ludwig II. für den Beitritt zum Deutschen Reich mit sechs Millionen Goldmark hatte bestechen lassen – Geld, das Bismarck aus seinem Welfenfonds, eine Art schwarze Kasse, in Raten auszahlte und das unmittelbar in den Bau der utopischen bayerischen Königsschlösser Ludwigs II. gesteckt wurde. Das Volk sah davon keinen Pfennig – im Gegensatz zu Graf Maximilian von Holnstein, der die entsprechenden Verhandlungen mit Bismarck geführt und dafür zehn Prozent (600.000 Goldmark!) Provision kassiert hatte. (Parallelen zur Corona-Masken-Affäre Nüßlein/Sauter von 2021 sind rein zufällig.) Es ist mehr als verständlich, dass die Satirezeitschrift „Simplicissimus", die erstmals 1896 erschien und sich in ihren ersten Jahren gegen alles wandte, wofür Preußen stand, in München beheimatet war.

Die Reichsgründung jährte sich im Jahr 2021 zum 150. Mal. Ich finde es schon interessant, dass die deutsche Politik an dieses in der deutschen Geschichte bedeutsame Ereignis nicht offiziell erinnert hat. Auch in der Presse fand es kaum Erwähnung. Man muss es ja nicht groß feiern, vor allem in Bayern nicht, aber so viel Selbstbewusstsein sollten wir schon noch haben, zumindest die Erinnerung daran nicht unter den Teppich zu kehren.

Nach der Reichsgründung dauerte es viele Jahrzehnte, bis die Bayern akzeptieren konnten, dass die bayerische Souveränität dahin und die Währung nicht mehr der Gulden, sondern die Deutsche Mark war. Auch an die Umstellung der vertrauten Maßeinheit **Mass** auf den preußischen Liter gewöhnten sich die Bayern nur schwer, zumal eine **Mass** Bier ursprünglich 1,069 Liter hatte, von da an aber nur noch 1,0 Liter. Manchmal wird sogar noch heute behauptet, dass der wahre Erbfeind der Bayern in Berlin saß – und immer noch sitzt.

In der Euphorie der Reichsgründung und der Begeisterung für Otto von Bismarck entwickelte sich eine Bewegung, die sich für die Errichtung von „Bismarck-Türmen" einsetzte. Es handelt sich dabei um Denkmäler in Form eines Turms, die ursprünglich auf der Spitze eine Feuerschale trugen. In Deutschland und darüber hinaus – sogar in der damaligen Kolonie Papua-Neuguinea – wurden zwischen 1871 und 1914 insgesamt 240 solcher Türme errichtet, von denen heute noch 173 stehen, davon 13 in Bayern, und zwar ein glattes Dutzend in Franken und Schwaben, aber nur ein einziger in Altbayern, nämlich in Berg-Assenhausen am Starnberger See. Auch hieraus kann man ersehen, dass die Altbayern Graf Bismarck und der Reichsgründung selbst Jahrzehnte später noch ablehnend gegenüberstanden.

Allerdings muss man zugeben, dass die Reichsgründung auch positive Auswirkungen auf Bayern hatte. Vor allem der neu entstandene große Wirtschaftsraum und die gleichzeitig immer stärker in Gang kommende Industrialisierung führten zu einem wirtschaftlichen Aufschwung, den man später als die **guàde oide Zeit** (gute alte Zeit) bezeichnen sollte.

Selbstredend galt dies eher für die Unternehmer und weniger für die bayerische Landbevölkerung und die Arbeiter in den vielen neu gegründeten Fabriken, die nach wie vor für kargen

Lohn körperlich hart arbeiten und in prekären Verhältnissen hausen mussten.

Trotz dieser gemeinsamen wirtschaftlichen Prosperität und des Zusammenwachsens durch Handel, unterteilt der Bayer spätestens seit der Reichsgründung die deutsche Bevölkerung in zwei Hauptgruppen: Die Bayern im Süden und die Preußen im Norden.

Bayern sind alle Bewohner des früheren Königreichs und heutigen Freistaats Bayern, also nicht nur die Bairisch sprechenden Altbayern, sondern auch die Schwaben und Franken. Alle übrigen Deutschen gelten für den Bayer als Preußen – mit Ausnahme der Bewohner Baden-Württembergs, die weder Bayern noch Preußen sind. Als grobe Grenze zu den Preußen hat man deshalb die Mainlinie (einschließlich deren gedachter Verlängerung nach Westen und Osten) definiert. Irgendwie sind aber die Franken den Altbayern fremder als die Schwaben. Ganz eingefleischte Altbayern neigen deshalb dazu, die Grenze zu den Preußen bereits an der Donau zu ziehen (Ausnahme Oberpfalz) und die Franken auch schon zu den Preußen zu zählen – jedenfalls den ein oder anderen Unsympathen. Diese nicht exakt definierte Grenzlinie zwischen Bayern und Preußen nennt man übrigens „Weißwurstäquator“.

Das Fremdeln mit allem Fränkischen dürfte – neben dem unterschiedlichen Dialekt – auch daran liegen, dass die Franken erst sehr spät, nämlich zu Beginn des 19. Jahrhunderts und mithilfe Napoleons, zum Königreich Bayern kamen. Franken war praktisch Teil der „Beute“ Napoleons, nachdem er die Preußen besiegt hatte. Deshalb nannte man die Franken auch „Beutebayern“. Um deren Integration zu fördern, hat man damals einen gängigen christlichen Spruch auf einen zweizeiligen Vers erweitert:

Man muss Gott für alles danken,
auch für Unter-, Mittel- und Oberfranken.

Aus Toleranz klammert der Baier aber die Frage, ob die Franken überhaupt Bayern sind, nach Möglichkeit ganz aus.

Die Frage der Zugehörigkeit lässt sich einfach kaum von der Sprache trennen. Deshalb zählen nach einer wieder anderen

Definition für den Altbayern auch alle die Deutschen zum Stamm der Preußen, die nicht Bairisch sprechen, insbesondere alle Mitmenschen, die nur Schriftdeutsch reden. In manchen Kreisen gelten sogar in München geborene Mitbürger, die durch Erziehung, gesellschaftliche Prägung und schieres Unglück ausschließlich „nach der Schrift“ reden, als Preußen. Kommt ein neuer Kollege in die Firma, ist die Frage nicht weit:

Redt er Boàrisch oder is er à Breiß?
Spricht er Bairisch oder ist er ein Preuße?

Das bairische Wort **Breiß** für einen Preußen ist, wie wir gelernt haben, historisch überwiegend negativ belegt. Mit einem **Breißn** wollte man als Bayer nach Möglichkeit nicht zu viel zu tun haben. Ein gewisses Maß dieser Ablehnung schwingt immer noch mit, wenn dieser Titel zum Einsatz kommt.

Für ganz unangenehme Zeitgenossen mit besonders großer Klappe, vorlautem und besserwisserischem Auftreten hatte und hat der Bayer auch heute eine Steigerung parat: den **Saubreiß**. Der Begriff dürfte bereits im Ausklang der napoleonischen Zeit in Gebrauch gekommen sein, als Preußens Vormachtstellung in Deutschland immer deutlicher wurde. Schriftlich nachweisbar ist er aber erst im Jahr 1872, also kurz nach der Eingliederung Bayerns in das Deutsche Reich, und zwar in der Zeitschrift „Bayerisches Vaterland“. Deren Herausgeber war Dr. Johann Baptist Sigl, einer der führenden „Bayerischen Patrioten“ und Kämpfer für die bayerische Selbständigkeit.

Neben dem **Saubreiß** hat der Baier früher auch weitere abschätzige Bezeichnungen verwendet, zum Beispiel **Breißnschääl** (Preußenschädel), **Malefitzbreiß** (verdammter Preuße), **Breißnschicks** (Preußenflittchen) oder **Breißnmàtz** (hinterlistige Frau aus Preußen). Nach dem Zweiten Weltkrieg wurden in diesen Wörtern teilweise **Breißn** durch „Ami“ (Amerikaner) ersetzt. Als Besatzungssoldaten hatten diese bei den Deutschen einen ähnlich schlechten Ruf wie die **Breißn**.

Für den Fall, dass sich jetzt der eine oder andere Norddeutsche über diese scheinbar wenig schmeichelhaften Bezeichnungen aufregt, sei darauf hingewiesen, dass wir Baiern es auch dulden müssen, wenn uns die Preußen als „Saubayern" titulieren. Uns macht das aber schon deshalb nichts aus, weil wir die Sau als Lieferant von Schweinshaxe, Schweinsbraten, Wurst und Speck sehr schätzen. Wir sehen im „Saubayer" schlicht eine Respektsbekundung, die uns mehr ehrt als beleidigt.

Vor allem in Österreich wird anstelle des Preußen der Begriff „Piefke" verwendet, mit dem in der Regel nicht die Süddeutschen gemeint sind. Eine Witzfigur dieses Namens soll es schon in den 1840er Jahren gegeben haben. Die Bedeutung „Piefke" für einen typischen Preußen dürfte allerdings nicht darauf, sondern auf den Musikdirekor Johann Gottfried Piefke zurückgehen, der nach dem Sieg der Preußen über Österreich und Bayern in der Schlacht bei Königgrätz 1866 den „Königgrätzer Marsch" komponiert hat. Als er und sein Bruder Rudolf in der Nähe von Wien anlässlich einer Parade als Dirigenten auftraten, soll sich unter den Wienern der Ruf „Die Piefkes kommen!" verbreitet und bald darauf auf alle Preußen bezogen haben.

Echte, vor allem vorlaute **Breißn** kann der Baier gar nicht leiden. So ist es auch in der folgenden Geschichte:

> Ein **Breiß** erzählt im bairischen Wirtshaus einen Witz nach dem anderen. Alles biegt sich vor Lachen. Nur der alte Huberbauer sitzt teilnahmslos vor seinem Bier. „**Wås håst denn?**", fragt ihn der Sepp, der neben ihm sitzt. „**I måg den Kerl net**", brummt der Huberbauer. „**I lach erscht, wenn er furt is.**" (Ich mag den Kerl nicht, ich lache erst, wenn er fort ist.)

Das Besserwisserische der Preußen geht dem Baiern in besonderem Maß an die Nieren. Deshalb hat sich der Baier auch die folgende Scherzfrage ausgedacht:

Worin liegt der Unterschied zwischen dem Herrgott
und einem Preußen?
Der Herrgod woàß oiss,
aber der Breiß woàß oiss besser.
Der Herrgott weiß alles,
aber der Preuße weiß alles besser.

Eine weitere beliebte Scherzfrage lautet: Was ist der Unterschied zwischen einem **Breißn** und einem **Saubreißn**? Der **Breiß** fährt nach seinem in Bayern verbrachten Urlaub wieder heim, der **Saubreiß** lässt sich auf Dauer hier nieder.

Manchmal geht der Baier sogar so weit, auch Personen aus völlig anderen Kulturkreisen, die mit der schriftdeutschen Sprache gar nichts am Hut haben, als **Breißn** zu bezeichnen. Hat er sich zum Beispiel über einen Japaner geärgert, so ruft er ihm verächtlich zu: „**Saubreiß, japanischer!**"

Trotz dieser nicht verheimlichten Abneigung der Bayern gegenüber den Preußen sind in den letzten Jahrzehnten mehr und mehr Angehörige dieses Volksstamms in Bayern eingewandert und sesshaft geworden. Mit dieser Migrationswelle wurde vor allem in Altbayern die berühmte bairische Gemütlichkeit mehr und mehr verdrängt und durch die nicht minder berühmte preußische Hektik, Ungeduld und Besserwisserei ersetzt. Jedenfalls empfanden es manche Ureinwohner Baierns lange Zeit so.

Letztlich fand hier wieder einmal eine Wiederholung der Geschichte statt. In der Mitte des ersten Jahrtausends n. Chr. musste die damals hier ansässige Bevölkerung infolge der Aufnahme von Zuwanderern aus aller Herren Länder eines Tages feststellen, dass sie nicht mehr die **mehràn** waren (nicht mehr in der Mehrheit). Sowohl Kultur als auch Sprache wurden mit einem Mal von den Zugezogenen dominiert. In gleicher Weise müssen wir heute eine ähnliche Entwicklung feststellen. Schon im Kindergarten hört man überwiegend Schriftdeutsch. Erfreulicherweise gibt es noch Kinder, die Dialekt sprechen, doch auch bei ihnen verflacht die bairische Lautung zusehends.

Dabei haben wir es heutzutage mit dem preußischen Einfluss bedeutend schwerer als die früheren Baiern: Während sich die Römer, Franzosen, Slawen usw. darauf beschränkten, einzelne neue Wörter in unseren Dialekt einzubringen, hat das Hereinschleichen bis -drücken der Preußen eine potenziell vollumfängliche Verdrängung des Dialekts zur Folge. Nicht nur, dass fast alle bairischen Wörter durch schriftdeutsche ersetzt werden – auch viele bairische Sprüche und Redewendungen geraten, zusammen mit den Besonderheiten der bairischen Grammatik, immer mehr in Vergessenheit. Stattdessen übernehmen die Baiern norddeutsche Ausdrucksweisen und sind stolz, wenn sie „ab und an“ statt **ab und zuà** sagen und den Berg „hoch“ statt hinauf oder **auffi** steigen.

Dass die Baiern diese Entwicklung zugelassen haben, hat unterschiedliche Ursachen. Der Hauptgrund dürfte das zeitweise fehlende Selbstbewusstsein der Baiern in Bezug auf ihre Sprache gewesen sein. Daneben ist die bairische Tourismuswirtschaft mit ihren Hoteliers, Restaurants, Liftbetreibern, Kulturschaffenden, Souvenirproduzenten usw. zu nennen, die allesamt gut an den Preußen verdienen. Auch die bairischen Großbauern und andere Baulandbesitzer haben von dem Zuzug profitiert, vor allem in und um München und um die anderen größeren bayerischen Städte herum. Oft wurden minderwertige saure Wiesen für teures Geld an die norddeutschen Neubürger zum Bau überwiegend gesichtsloser Reihenhaus-Siedlungen verkauft, und wenn der Grund groß genug war, freuten sich die Immobilienhaie, die mehrstöckige, aber ebenso traurige Wohnblöcke errichteten, um sie an die Preußen zu vermieten und diese dort einzupferchen.

Was die geschäftstüchtigen Baiern dabei offenbar nicht bedacht haben: Dass das bei den **Zuàgroàstn** (Zugezogenen) fehlende Baiern-Gen dazu führte, dass diese nicht automatisch CSU wählen. Vor allem in den kommunalen Gremien fällt schon seit einiger Zeit auf, dass die früher als gottgegeben angesehene absolute CSU-Mehrheit mehr und mehr schwindet. Inzwischen gilt das sogar auch in der „großen“ Politik auf Landes- und Bundesebene.

In den letzten Jahren wurde oft über Prozesse berichtet, in denen man sich über die Belästigung durch landesübliche Geräusche auf bayerischen Dörfern beschwerte, nämlich über das Läuten der Kuhglocken auf der Weide oder der Kirchenglocken sowie über das frühmorgendliche Krähen des Hahns. Auch die Geruchsbelästigung durch die Viehhaltung oder das Ausfahren der Gülle waren Gegenstand solcher Prozesse. Die Kläger waren in der Regel Personen, die nur des Standarddeutschen mächtig waren. Preußen halt. Der bairische Journalist und Autor Herbert Schneider machte seinem Ärger über solche Klagen mit folgender Aussage Luft:

Gegà ’s Leitn vo de Kiàchàglockn protestiern, wegà’n Gràhn von Nachbarn sein Gockl zum Gricht rennà und bei dà Haussammlung vo dà Freiwillign Feierwehr àn Liter Wasser spendn – aber wart nur, du Saubreiß, du reigschmeckter, du werst àmoi à traurige Leich kriang.
Gegen das Läuten der Kirchenglocken protestieren, wegen des Krähens des Gockels des Nachbarn zum Gericht rennen und bei der Haussammlung der Freiwilligen Feuerwehr einen Liter Wasser spenden – aber warte nur, du Saupreuße, du hereingeschmeckter, du wirst einst eine traurige Beerdigung bekommen.

Eine solch traurige Beerdigung steht im Gegensatz zur bayerischen Tradition einer Bestattung, bei der es früher gelegentlich auch sehr lustig zugehen konnte und zuweilen auch heute noch zugehen mag. Ich kann mich an eine Beerdigung Ende der 1950er Jahre erinnern, als der Boogie-Woogie auch Bayern erreichte und gegen Ende des Leichenmahls ein sonst eher wortkarger Verwandter auf dem Wirtshaustisch der total überraschten „Trauergemeinde“ einen „Wucki-Wucki“ vortanzte.

Kürzlich sind weitere Prozesse auf Grund von Klagen des genannten einschlägigen Personenkreises dazugekommen, zum Beispiel wegen eines zu stark duftenden Käseladens, wegen der aus einer oberbayerischen Bäckerei kommenden Gerüche oder wegen der von einem Maibaum ausgehenden Belästigungen, insbesondere durch dort absitzende Vögel. In meinem Wohnort gab es auch einmal in einem Neubaugebiet einen norddeutschen Neubürger, der sich vom Kinderlärm auf dem an sein Grundstück grenzenden Spielplatz belästigt fühlte. Als der dort auszog, veranstaltete man ein Freudenfest mit Blasmusik, Bier und bairischer Brotzeit.

Der Maulfaule und der Dout-Schmàtzer

Einer der wesentlichen Gründe, warum der Baier für die Preußen wenig Sympathie empfindet, liegt im völlig konträren Verhältnis zur wörtlichen Rede. Während nämlich der Baier in der Regel sein Mundwerk möglichst schont, ist der **Breiß** in seinem Redefluss kaum zu bremsen. Der Baier redet wenig und nur ungern, er gilt im Gegensatz zum Preußen als geradezu introvertiert und wortkarg, auf Bairisch **maifei** (maulfaul, sprechfaul).

Dies trifft weniger auf die Stadtbewohner, aber vor allem auf die frühere Landbevölkerung zu, die in erster Linie in der Land- und Forstwirtschaft tätig war, und hier wiederum eher auf die männliche Spezies. Während man manchen bairischen Frauen eine starke Neigung zum Dorftratsch nachsagte, waren die Bauern und Knechte äußerst sparsam beim Gebrauch ihrer Sprechwerkzeuge. Anders war es nur im Laufe eines Wirtshausbesuchs, wenn die zunehmende Menge Bier Temperament und Zunge löste. Diese Eigenschaft kann man auch heute noch auf bairischen Volksfesten wie dem Münchner Oktoberfest beobachten.

Im Alltag beschränkte sich der Landmann darauf, mit möglichst wenigen Worten das unbedingt Nötige auszudrücken. So auch der Schmied Sepp bei seiner Hochzeit. Es gelang ihm doch tatsächlich, sich an diesem Tag auf nur drei Wörter zu beschränken: Bei der Trauung sagte er „Ja", bei der Hochzeitsfeier „Prost!" und daheim im Schlafzimmer überraschte er die frisch angetraute Ehefrau mit einem kurzen, aber bestimmten: „**Jetzà!**"

Sehr sparsam, wie er generell ist, zieht der Baier auch kurze Wörter den langen vor. So nannten zum Beispiel die Römer einen besonders guten Freund *amicus specialis*. Die Bajuvaren übernahmen diese Bezeichnung, ließen aber das erste Wort (*amicus*) gleich völlig weg und verkürzten das zweite auf **Spezi** bzw. **Spezl**.

Die sprichwörtliche „Maulfaulheit“ der Baiern gilt auch für die heutige junge Generation. Bei dieser ist es üblich, die ohnehin schon kurze Begrüßungsformel **Servus** auf **Sers** zu verkürzen.

Häufig bildet der Baier Assimilierungen, um seinen Sprechwerkzeugen die Lautbildung größtmöglich zu erleichtern. So wechselt er manchen Konsonanten aus, wenn damit die Aussprache geschmeidiger wird, z. B. wird „die Fanni“ nicht zu **d’Fanni**, sondern zum für die Zunge angenehmeren **b’Fanni**.

Um Mundbewegungen einzusparen, schrecken die Baiern auch nicht davor zurück, Buchstaben ganz wegzulassen. So wird etwa die Vorsilbe „an-“ verkürzt auf „o“ (**oziàng, ogstoachà, ogeem**), die Vorsilbe „ein-“ wird verkürzt auf „ei“ (**eilassn, eiliefern, einehmà**). Die Heiligen Drei Könige heißen **Heindreikini** und das Klaubholz wird zu **Klauholz** (Verwechslungsgefahr für Nicht-Baiern: Hier handelt es sich nicht um das Produkt einer kriminellen Aktion, sondern um aufgelesenes – bairisch: aufgeklaubtes – Holz).

Weitere Beispiele für solche Verkürzungen sind die Endsilben „-ben“, „-den“ und „-gen“. Sie werden der bairischen Zunge angepasst und führen – bei zweisilbigen Verben auf jeweils eine Silbe reduziert – zu **bleim** (statt „bleiben“), **wern** (statt „werden“) oder **wiàng** (statt „wiegen“). Auch Ortsnamen wurden früher gerne verkürzt: Petershausen hieß bei den Einheimischen **Bädàzaun**, Allershausen hieß **Oischaun**; aufgrund der allgemein festzustellenden Verflachung des Dialekts hört man diese Formen inzwischen allenfalls noch bei der älteren Generation.

Ein Gespräch zwischen einem bairischen Fotografen und seinem nicht-bairischen Kunden könnte im Schriftdeutschen etwa so lauten.

Fotograf: „**Dann pack mà’s, oder?**“
Kunde: „Ja, gern, aber was ich noch vorwegschicken möchte: Ich mache mir durchaus keine übertriebenen Vorstellungen von den Porträts; ich weiß, dass ich nicht sonderlich fotogen bin, und werde einfach schauen, was bei Ihrer Arbeit herauskommt; so schlimm wird es schon nicht werden, haha.“

Anstelle dieser ausführlichen Erklärung würde der Baier kurz und bündig sagen:

Wiàr i wer, wer i!
Wie ich werde, so werde ich!

Am liebsten hat es der Baier, wenn er auf Worte ganz verzichten und sie durch Gesten ersetzen kann – nichts sagen und trotzdem verstanden werden. Das Heben einer Hand ersetzt das **„Griàß di“** oder **„Griàß God“**, der in Richtung Tür ausgestreckte Zeigefinger in Kombination mit einem bohrenden Blick bedeutet, dass der so „Angesprochene“ den Raum zu verlassen hat. Wird der auf den anderen weisende Zeigefinger mehrmals nacheinander abgeknickt und wieder ausgestreckt, so bedeutet das: „Komm her zu mir!“ Diese Aufforderung kann man auch durch ein lautes Zungenschnalzen ersetzen oder durch einen kurzen Pfiff oder durch ein einfaches Kopfnicken.

Die folgende Absprache zwischen einem Bauern und seinen **Ehhalten** (Bediensteten), in diesem Fall der Knecht, müsste aber seltener zu beobachten gewesen sein:

> Der Bauer sagt zu seinem neuen Knecht: **„Dàss d’às glei woàßt: I red net vui. Wenn i mi’m Kopf nick, na kimmst her. Verstähst?“** (Damit du es gleich weißt: Ich rede nicht viel. Wenn ich mit dem Kopf nicke, dann kommst du her. Verstehst du?)
> **„Då pàss-b-mà guàt zamm“**, antwortet der Knecht, **„i red nämle àà net vui. Wenn i mein’ Kopf schüttlt, na kimm i net.“** (Da passen wir gut zusammen, ich rede nämlich auch nicht viel. Wenn ich meinen Kopf schüttle, dann komme ich nicht.)

Ein nach oben gerichteter Zeigefinger heißt „Achtung!“ oder: „Vorsicht!“ Reibt man Zeigefinger und Daumen aneinander, beschreibt man damit auch heute noch das Geld. Tippt man mit dem Zeigefinger an die Stirn, will man ausdrücken „Ich bin doch nicht blöd“ oder auch: „Du bist ja blöd, was du sagst ist Unsinn!“ Streift man mit dem Zeigefinger der einen am Zeigefinger der anderen Hand entlang und lässt sich auch noch zu einem **„Állàbätsch!“** hinreißen, so bringt man damit seine Schadenfreude darüber zum Ausdruck, dass der andere – wobei auch immer – unterlegen ist. Zieht man die untere Lidfalte eines Auges mit dem Zeigefinger nach unten, so bedeutet das: **„Då konnst mà neischaugn“** (Da kannst du mir hineinschauen); was so viel heißt wie „Von wegen!“, „Nicht mit mir!“ oder „Das kommt für mich ja überhaupt nicht in Frage“.

Der berühmte ausgestreckte Mittelfinger war in unserer Gegend früher nicht üblich, den haben erst die norddeutschen Nicht-Baiern eingeführt.

Lässt sich eine Äußerung inklusive Wortgebrauch gar nicht vermeiden, so bevorzugt der Baier kurze Meldungen wie **„Pack mà's!“** (Packen wir es!), **„Auf gäht's!“** (Auf geht's!) oder: **„Schleich de!“** (Schleich dich, hau ab!) Noch lieber benutzt er extrem kurze Ausdrücke, die man häufig nicht einmal mehr als Wortfolge, geschweige denn Wort bezeichnen kann und für die es in der Regel kein Pendant im Standarddeutschen gibt. Sie anzuwenden ist oft sehr schwierig, weil sie je nach der Betonung oder Länge eines Vokals unterschiedliche Bedeutung haben. Nur der genuine Altbayer kennt diese Nuancen und kann in diese Tiefen des Dialekts vordringen. Experimentierfreudigen Nicht-Baiern kann man nur davon abraten, sich auch daran zu versuchen.

Hier einige Beispiele:

à

Ein helles **à** kann der unbestimmte Artikel sein (eine, ein), das Personalpronomen „er“ (**Wås macht à denn?** = Was macht er denn?) oder im Sinn von „in“ (**I geh à 'Kirch** = Ich gehe in die Kirche) bzw. „an“ (**Stoi àn Stui à d'Wand hi!** = Stell einen Stuhl an die Wand hin!) verwendet werden.

Darüber hinaus gibt es im Bairischen eine Vielzahl weiterer Anwendungsgebiete des hellen **à**, die aber den Rahmen dieses Buchs sprengen würden.

å

Mit diesem dunklen **å**, das klanglich zwischen „a“ und „o“ liegt, drückt man sein Bedauern aus. Bekommt z. B. der Verehrer auf die Frage „**Geh mà heid mitnandà ins Kino?**“ (Gehen wir heute zusammen ins Kino?) einen Korb, so gibt er enttäuscht nur ein kurzes „**Å!**“ von sich, das man als „Schade“ interpretieren kann. Bekannt sind auch die drei Standardausdrücke, die man regelmäßig von Hundebesitzern hört, deren Vierbeiner angeblich absolut friedlich sei:

Der beißt net! Der duàt nix! – Å!
Der beißt nicht! Der tut nichts! – Oh!

Åhà

Je nach Region spricht man diesen Ausruf auch **Ähà** oder **Öhà** aus. Wird das **Å** betont (**Åhà**), bedeutet es „Hoppla“ oder – bei negativen Folgen eines Missgeschicks: „Entschuldigung!“

Fuhrknechte benutzten den Laut früher statt des synonymen „Brrr“, um ihre Pferde zum Stehen zu bringen, meist mit langgezogenem „ä“ oder „ö“. Dazu gibt es eine bekannte Geschichte, in der es wieder einmal um den Unterschied zwischen dem beredten Preußen und dem wortkargen Baiern geht:

> Ein Baier tritt einem Preußen versehentlich auf die Zehen, worauf der ihn anfährt: „Können Sie sich nicht wenigstens entschuldigen?“
> Der Baier drauf: „**I håb do ‚ähà‘ gsagt!**“ (Ich habe doch ‚äha‘ gesagt!)

Dieses Wort kann auch als Ausdruck der Überraschung verwendet werden, wobei man in diesem Fall das zweite **à** betont (**åhà**) und gleichzeitig die Augenbrauen hochzieht.

fei

Der Ursprung dieses von den Baiern häufig gebrauchten Worts ist nicht eindeutig zu klären. Vermutlich kommt es von „fein“.

Die Baiern haben **fei** im Jahr 2004 zu ihrem Lieblingswort gewählt. Ein beachtenswert großer Erfolg für eine bloße verstärkende Partikel, die aber so besonders ist, dass man sie nicht mit einem einzigen oder auch wenigen Worten ins Standarddeutsche übertragen kann.

Die Möglichkeiten, **fei** in einen Satz einfließen zu lassen, sind nahezu unbegrenzt. **Fei** kann als reine Verstärkung einer Aussage daherkommen, als Hinweis, Bitte, Betonung, Nachdruck, Drohung, Verbot oder auch als Respektsbekundung. Standarddeutsche Entsprechungen sind in etwa: wirklich, sicher, ja, doch, schon, bestimmt, gewiss, nur, überhaupt. Sehr häufig sind Umschreibungen zur Übersetzung eines **fei** unvermeidlich, wie zum Beispiel „Damit du es ja weißt", „Auf jeden Fall" oder „Auf keinen Fall". Das **fei** ist dabei keinesfalls nur ein leeres Füllwort, es gibt vielmehr dem jeweiligen Satz eine besondere Nuance. Schroffe Sätze wirken damit abgemildert, andere bestimmter und fordernder.

Hier einige Anwendungsbeispiele:

Des håwe fei söiwer gmoit.
Das habe ich selbst gemalt, das hättest du mir wahrscheinlich nicht zugetraut, oder?
Des derfst fei net doà!
Das darfst du auf keinen Fall tun!
Der is fei net bläd!
Vorsicht! Anders, als man vermutet, ist der keineswegs blöd!
Kimm fei!
Dass du ja kommst, dass du sicher kommst!
Du kimmst fei spàt.
Du kommst aber unerwartet spät.
Jetz' håst às fei gnau beinand!
Jetzt fehlt aber nicht mehr viel, dann gibt es Ärger!
À Hund bist fei scho!
Man muss den Hut vor dir ziehen, du bist wirklich ein fähiger Kerl!

Karl Valentin, der bekannte Münchner Komiker und Querdenker, trug übrigens bei seiner Geburt den schönen Namen Valentin Ludwig Fey. Klingt wunderbar passend, hat aber mit unserem Wörtchen **fei** nur in nachträglicher, schicksalhaft zurechtgebogener Interpretation etwas zu tun. Dass sein Vater aus Hessen und seine Mutter aus Sachsen stammte, also nach der bairischen

Definition Preußen waren, und ihren Nachnamen in die neue Heimat mit-imigrierten, ist wohl eine Ironie des Schicksals. Jedenfalls sieht man am Beispiel Valentin, dass eine Muttersprache nicht notwendigerweise von Mutter bzw. Vater erlernt sein muss.

ja

„Ja“ ist im Bairischen nicht nur das Gegenteil von „nein“. Ähnlich wie mit **fei** sind auch bei der Partikel **ja** die Möglichkeiten, sie in einen Satz einfließen zu lassen, nahezu unbegrenzt, z. B.:

I glààb ja scho, dass er mi ogloong håt.
Irgendwie bin ich schon überzeugt, dass er mich angelogen hat.
Es soi ja wieder scheener wern.
Es soll zum Glück wieder schöner werden.
Des is ja à ganz à fauler Hund.
Das ist ein ganz besonders fauler Kerl.
Wennst net mågst, brauchst ja net mitgeh.
Wenn du nicht magst, musst du natürlich nicht mitgehen.

Zum Schluss noch ein Beispiel, in dem das **ja** mit dem **fei** kombiniert wird:

Dàss dà fei ja nix auskimmt!
Dass dir nur bloß nichts entgeht!

Gä! Gäh!

„**Gä!**“ mit kurzem „ä“ drückt Erstaunen oder Zweifel aus, die durch mehrmaliges Wiederholen verstärkt werden können (**Gägägä!**).

Beim etwas längeren „**Gäh!**“ handelt es sich um den Imperativ: „Geh!“ Es kann Ermunterung und Aufforderung, Ungläubigkeit und Skepsis, Unwillen, Ablehnung oder Zurückweisung zum Ausdruck bringen. Oft kommt es in erweiterter Form vor: „**Gäh weider!**“ (Geh weiter) oder „**Gäh zuà!**“ (Geh zu!), auch in kombinierter Form:

Gähts weider, gähts zuà!
Und lassts uns in Ruàh!
Geht weiter, geht zu!
Und lasst uns in Ruh!

Wenn das **„Gäh weider!"** nicht, wie hier, wörtlich gemeint ist, kann es – dann gerne erweitert auf **„À, gäh weider!"** – sehr Unterschiedliches bedeuten, zum Beispiel „Das glaube ich dir nicht" oder „Da übertreibst du aber" oder „Jetzt lass dich nicht lumpen". Diese Varianz hat Helmut Zöpfl in seinem Buchtitel „Gäh weiter, Zeit, bleib steh!" auf ironische Weise kombiniert. Wer weiter geht, kann schließlich nicht gleichzeitig stehen bleiben – außer es tut's in der bairischen Sprache. Ähnlich ist es mit der Aufforderung: **„Gäh zuà, bleib då!"**

gäi
wird manchmal auch „göi" ausgesprochen. Schriftbairisch heißt es **gelt**. Das Wort kommt von „gelten, es gelte". Ein Synonym ist **need** (nicht). Ins Standarddeutsche übertragen bedeutet es: „Nicht wahr?"

Das Wort wird oft am Satzende quasi als Fragewort angehängt. Meistens will der Fragende damit eine bestätigende Reaktion aus seinem Gegenüber herauskitzeln: **„Des sàn aber scheene Bleàme, gäi?"** (Das sind aber schöne Blumen, nicht wahr?)

In Erwartung von Zustimmung kann man eine Frage statt mit **gäi** auch mit **gäija** (gell ja) schließen; erwartet man ein „Nein", dann mit **gäinà** (gell nein). Spricht man mit jemandem per Sie, so verwendet man die Höflichkeitsform **gäin S'**, scherzhaft ins Schriftdeutsche übersetzt mit „gellen Sie".

Hà?
Ein kurzes **„Hà?"** verwendet der Baier, wenn er etwas nicht verstanden hat. Es ersetzt das Standarddeutsche: „Wie bitte?" Dieses minimalistische **„Hà?"** kann außerdem im Bairischen wie das **gäi** am Ende einer Frage stehen. In dieser Position lässt es sich nicht mit einem bestimmten Wort ins Standarddeutsche übersetzen. Es bekräftigt letztlich nur, dass es sich bei dem zuvor Gesagten um eine Frage handelt, eventuell um eine, die mit einer

gewissen Nachdrücklichkeit verbunden ist. „**Wo warst'n heit so lang, hà?**" (Wo warst du denn heute so lange?) impliziert bereits einen Vorwurf bzw. die Vermutung, dass die Verspätung auf etwas Unentschuldbares zurückzuführen ist. Auch die Frage: „**Moànst, i bin bläd, hà?**" (Meinst du etwa, ich bin blöd?) ist rein rhetorischer Art und bedeutet: Ich lasse mich von dir doch nicht für dumm verkaufen.

Hä!

Je nach Betonung, Länge und dazu gezeigter Mimik kann dieser Ausspruch „Hallo", „Halt, stopp!" bedeuten oder einfach allgemein Überraschung ausdrücken. Wird er in die Länge gezogen (**Häää!**) und mit einem betroffenen Stirnrunzeln verbunden, bedeutet er: Was fällt dir denn ein?

hoi (heu)

Ein Ausdruck der Überraschung oder der Verwunderung, den man mit „Hoppla" übersetzen könnte. Begegnet man überraschend einem Bekannten, den man an diesem Ort ganz und gar nicht vermutet hätte, so sagt man: „**Hoi, wo kimmst'n jetz du her?**" (Hoppla, wie kommst denn du plötzlich hierher?)

Wenn zwei Maurer an einer Wiese vorbeikommen, auf der ein Kasten Bier steht, dann sagt der eine Maurer zu dem anderen: „**Hoi, wås werd'n då baut?**" (Hoppla, was wird denn da gebaut?) Eine Baustelle ohne Bierkasten war, besonders für die Maurer, früher undenkbar, ein Kasten Bier dagegen automatisch mit einer Baustelle verbunden.

Bei der Firma Krauss-Maffei wurden die Arbeiter früher am Ausgang des Werksgeländes stichprobenartig kontrolliert, um zu vermeiden, dass Material gestohlen wurde. Eines Tages kam einer der Arbeiter mit einer Tasche zur Pforte, die offensichtlich sehr schwer war, er kam unter der Last ganz gebückt daher. Als der Kontrolleur den Mitarbeiter zum Öffnen der Tasche aufforderte, kam ein Amboss zum Vorschein, worauf der Arbeiter scheinbar total überrascht verkündete: „**Hoi, wer håt mir jetz <u>den</u> då nei do?**" (Hoppla, wer hat mir denn <u>den</u> da hineingetan?)

Zum **hoi** gibt es auch ein nettes Wortspiel: Begegnet einem Seemann auf dem Meer ein Schiff, so sagt er: „Schiff ahoi!" Der

Baier sagt dagegen in derselben Situation überrascht: „**Hoi, à Schiff!**“

Dem Lateiner ist sicherlich die Redewendung bekannt: *„heu, me miserum!“* (Ach, ich Unglücklicher!) Dieser Gleichklang mit dem bairischen **hoi** ist allerdings eher zufällig und nicht auf lateinische Wurzeln zurückzuführen.

mei

ist angeblich die Kurzfassung für „Mein Gott“. Es ist ein Ausdruck emotionaler Anteilnahme in Situationen der Hilflosigkeit, der Enttäuschung, des Ärgers, aber auch der Erleichterung oder der Freude. Auch diese kleine, feine Silbe kann man auf Grund ihrer vielfältigen Anwendungsmöglichkeiten nur schwer ins Standarddeutsche übertragen.

Oft beschränkt sich die Antwort eines Baiern auf eine beliebige Frage auf dieses **mei**, weil man die Wahrheit – aus diplomatischen oder geheimniskrämerischen Gründen – nicht sagen möchte.

Mit „**Mei, is des schee!**“ (Ach, ist das schön!) beschreibt man eine sehr erfreuliche, angenehme Situation, mit „**Mei, bist du à Depp!**“ (Mein Gott, bist du ein Dummkopf!) dagegen den Ärger über einen unterbelichteten Mitmenschen.

Ja mei!

Für dieses erweiterte **mei** gilt grundsätzlich das, was unter dem Grundwort **mei** bereits beschrieben wurde. „**Ja mei!**“ sagt der Baier meist immer dann, wenn er nicht mehr weiter weiß. Man kann sich damit entschuldigen oder das „**Ja mei!**“ als Ausrede benutzen, vor allem wenn man sich in einer Verlegenheit befindet.

Achtet ein Baier beispielsweise nicht auf das Bremslicht des Vordermanns und verursacht einen Auffahrunfall, dann antwortet er auf die Vorwürfe des Geschädigten mit einem kurzen „**Ja mei!**“, was so viel bedeutet wie: „Das kann doch mal vorkommen, oder?“

Peter Kaspar schildert in seinem „Bairischen Kompendium“ die Unterhaltung einer Familie mit einem Bischöflichen Geistlichen Rat, der bekanntermaßen dem weiblichen Geschlecht nicht abgeneigt war. Als man auf den Zölibat zu sprechen kam, meinte der geistliche Herr: „**Woàßt, i håb àn Zölibat über de Ehelosigkeit åbglegt, net über de Keuschheit.**“ Auf den Einwand der Familie, wenn man nicht verheiratet sei, sei doch alles in dieser Richtung verboten, war die Antwort der Ausdruck bairischen Schwermuts und sagte alles und nichts: „**Ja mei.**“

O mei!

ist die Kurzfassung für „Oh mein Gott!“ – ein leidvoll seufzender Ausdruck der Enttäuschung, Verzagtheit, Verzweiflung oder Hilflosigkeit. Man hört ihn oft, wenn am Biertisch über die Unfähigkeit der Politik geklagt wird oder auch wenn ein Kind die von den Erwachsenen vorgegebenen Bildungsziele mit Abstand verfehlt. Ist die Verzweiflung besonders groß, so kann der Ausdruck gern zwei- bis dreimal wiederholt werden: „**O mei o mei**“ bzw. „**O mei o mei o mei**“. Dabei wird stets das erste **mei** betont.

n

Hier ein Beispiel, wie der Baier ein Wort sogar auf nur einen Buchstaben verkürzt, um sich die Sprache zu vereinfachen: „denn“ wird zu **n**.

Wo håt à s dà	**n**	**geem?**
Wo hat er es dir	denn	gegeben?
Wås hås d’	**n**	**gseng?**
Was hast du	denn	gesehen?
Wann sàn S’	**n**	**geborn?**
Wann sind Sie	denn	geboren?

nix

ist das vereinfachte bairische Wort für „nichts“ und kommt in vielen Redewendungen und auch in manchem Witz vor, z. B.:

Der Lugge und der Kare sind zwei bekannte Witzfiguren, die die städtische Arbeiterklasse im ausgehenden 19. Jahrhundert repräsentieren. Die beiden stehen vor einem Wirtshaus und der Lugge fragt den Kare: „**Wås dààdst’n du jetz zu àm Bier song?**“ (Was würdest du denn jetzt zu einem Bier sagen?) Drauf der Kare: „**I dààt nix zu eàm song. I dààt’s dringà!**“ (Ich würde nichts zu ihm sagen. Ich würde es trinken!)

no, noo
ist grundsätzlich ein Ausdruck der Ungeduld, hat aber ganz unterschiedliche Bedeutungen.

Ein nasal gesprochenes, kurzes **„No?“** mit fragendem Gesichtsausdruck bedeutet so viel wie: „Was ist los?“ oder „Jetzt reicht’s aber!“

Wenn der Nachbar z. B. auf der Bank nicht ruhig sitzen kann, ist das nervig; schließlich schaut man ihn streng an und sagt zu ihm: **„No!“** (Na, kannst du nicht ruhig sitzen?)

Mit einem langgezogenen **„Noo“** beschwert man sich über eine anhaltende Belästigung, z. B. wenn jemand ständig mit den Fingern auf den Tisch trommelt.

Wenn im Wirtshaus in Sichtweite ein Gast mit seiner Freundin ganz ungeniert herumschmust, kann es schon sein, dass man sich zu der Bemerkung hinreißen lässt: **„Noo – frieß’s fei net!“** (Na – friss sie nur nicht!)

Mit einem kurzen **„No“** kann man in manchen Gegenden sogar seine Zustimmung ausdrücken.

ou
Ein Ausdruck der Bewunderung, Begeisterung oder Freude, zum Beispiel: **„Ou, derf i wirklich zum FC Bayern mitfåhn?“** (Wahnsinn! Darf ich wirklich zum FC Bayern mitfahren?)

Sä!
Dieses kurze Wort benutzen vor allem ältere Baiern noch, wenn sie jemandem ein kleines Geschenk in die Hand geben. Für die Herkunft des **„Sä!“** gibt es zwei unterschiedliche Erklärungen: Die eine besagt, dass es aus dem Französischen kommt, nämlich von *c`est là* (da ist es), die andere führt es auf den schriftdeutschen Imperativ „Sieh!“ zurück.

Ins Standarddeutsche übertragen hat auch dieses Wort unterschiedliche Bedeutungen, zum Beispiel „Schau, was ich da für dich habe!“, „Hier!“, „Da!“, „Nimm!“

Bei meiner Oma musste man sich auf ein **„Sä!“** mit einem **„Vergoit’s God“** (Vergelte es Gott) bedanken, auf das sie mit **„Seng’s God“** (Segne es Gott) antwortete.

Können Sie sich nun vorstellen, liebe Leser, wie es dem Baiern ergeht, für den das Sprechen Arbeit ist und der alles tut, um seine Sprechorgane zu schonen, wenn ihm plötzlich vorgeschrieben werden soll, dass er jetzt neben der männlichen Form von Wörtern auch noch die weibliche auszusprechen hat? Nur die Zahl der Wörter zu verdoppeln, ohne dass damit eine zusätzliche Information verbunden ist? Nein! Beim Gendern wird man bei den Baiern auf Granit beißen.

Während der Baier also möglichst wenig spricht und sich gerne kurz fasst, sprudeln beim Preußen die Wörter nur so aus seinem Mund heraus – und zwar sowohl sehr schnell als auch in großer Menge. Nicht umsonst haben sich sprichwörtliche Bezeichnungen wie „große Klappe" oder „Berliner Schnauze" eingebürgert. Der Baier beschreibt diese Eigenschaft des Preußen mit folgenden Vergleichen:

Der håt à Fotzn wià-r-à Schwert.
Der hat ein Mundwerk, so scharf wie ein Schwert.
Der håt à Fotzn wià-r-à Schààrschleifer.
Der hat ein Mundwerk wie ein Scherenschleifer (der seine Dienstleistung laut und ausdauernd anpreist).

Die Niederbayern nennen die Preußen deshalb abschätzig **Dout-Schmàtzer** (Totquatscher) oder auch **Mausdout-Schmàtzer** (Mausetotquatscher).

Als im Jahr 1906 je eine steinerne Löwenfigur beiderseits der Treppe zur Münchner Feldherrnhalle postiert wurde, waren beide zwar grundsätzlich als bayerische Wappentiere zu verstehen – im Gegensatz zum preußischen Adler – doch folgende Frage war trotzdem nicht zu vermeiden: Welcher von den beiden Löwen ist der preußische? Die Antwort war einfach: „**Der linke, der reißt's Maul auf!**"

Auch in Ludwig Thomas Einakter „Erster Klasse" gibt es eine hierzu passende Szene. Der preußische Kaufmann Stüve aus Neuruppin klagt darüber, wie der bairische Bauer reagiert, wenn er ihm seinen modernen Kunstdünger verkaufen möchte:

> „Oogen (Augen) macht er – so groß!“ Worauf der bairische Ökonom Gsottmaier neben ihm meint: **„Des braucht's scho, sonst siecht er ja über des große Mai net ummi.**“ (Das ist schon notwendig, sonst sieht er ja über das große Maul nicht drüber.)

Auch in der sich anschließenden Diskussion werden in diesem Thoma-Stück die Gegensätze zwischen Baiern und Preußen deutlich. Der Neuruppiner mit seinem elenden Kunstdünger macht sich über die Baiern lustig und versucht sich dabei, wenig erfolgreich, an der Nachahmung des bairischen Dialekts:

> „Modern! – Modern! Is tös was zum Essn?“ (Ist das etwas zum Essen?) Worauf der bairische Bauer und Landtagsabgeordnete Filser mit seiner Retoure genau auf das vermeintlich arme Preußen schießt: **„Wenn's wås zu'n Essn wààr, gebàt's às ös net her.**“ (Wenn es etwas zum Essen wäre, würdet ihr es nicht hergeben.)

Hat der Baier ein Problem, so denkt er darüber nach, und wenn er die Lösung hat, spricht er sie aus – in aller gebotenen Klarheit und Knappheit. Der Preuße dagegen spricht den gesamten Denkvorgang laut mit, und das auch noch in ungewohnt hohem Tempo. Oft kommt er vor lauter Reden auch gar nicht richtig zum Denken und dadurch oft genug zum falschen Ergebnis. So mancher Baier klagt daher über diese Eigenschaft der Preußen:

Wenn s' nur bloß net so vui und so schnoi redn dààn, und dafür liàwà mehrà dengà – so wià mir!
Wenn sie nur nicht so viel und so schnell reden würden, und dafür lieber mehr denken – so wie wir!

Handwerker benutzen oft ein Werkzeug, das die Baiern unter ihnen **Franzos** nennen. Dabei handelt es sich um einen verstellbaren Schraubenschlüssel mit beidseitigem Maul. Leider ist es mir nicht gelungen herauszufinden, warum dieses Werkzeug gerade diesen Namen bekommen hat. Angesichts der Beschreibung mit dem „beidseitigen Maul“ ging mir allerdings die Frage durch den Kopf, warum man den **Franzos** nicht **Breiß** genannt hat. Dann hätte ich wenigstens eine Erklärung für den Namen.

Nicht nur bei der Menge seiner Wörter ist der Baier zurückhaltender als der Preuße. Lorenz von Westenrieder, der bekannte bairische Schriftsteller und Historiker, schrieb 1785 in seiner Geschichte Baierns: „Niemals wird ein wahrer Baier sich selbst loben und seine Verdienste herausstreichen." Dem Preußen sagt der Baier dagegen gerne nach, dass er eitel und selbstgefällig sei und keine Gelegenheit auslasse, sein Umfeld auf seine Leistungen und Vorzüge hinzuweisen, seien sie objektiv auch noch so gering.

Die Preußen reden zwar viel und schnell, beim Schießen sollen sie aber nicht so flink gewesen sein. Ein altes Sprichwort lautet nämlich: „So schnell schießen die Preußen nicht." Diese Worte stammen allerdings vom preußischen Soldatenkönig Friedrich Wilhelm I. († 1740), der Deserteure zwar hart bestrafen, sie aber nicht erschießen ließ; eine Praxis, die vor ihm im Kriegsgeschäft noch allgemein üblich war, zur Statuierung eines grausigen Exempels. 1866 mussten die Bayern zusammen mit den Österreichern in der Schlacht bei Königgrätz erleben, dass die Gnade gegenüber Deserteuren wenig mit dem militärischen Fleiß der Norddeutschen zu tun hatte und die Preußen durchaus auch schnell schießen können.

Obwohl die Bayern diese Schlacht verloren haben, klagten sie – in den Worten des bairischen Autors Josef Fendl – noch Jahre später:

Des warn hoit no Zeiten, wià mir auf 'Breißn no schiaßn ham derfà. Jetz kemmà eàhnà höchstens no àn foischn Weg zoàng, wenn s' zum Hofbräuhaus woin.

Das waren halt noch Zeiten, als wir auf die Preußen noch schießen durften. Jetzt können wir ihnen höchstens noch den falschen Weg zeigen, wenn sie zum Hofbräuhaus wollen.

Bairisch und Schriftdeutsch – verwandt und trotzdem sehr verschieden

Bevor wir uns nun den zahlreichen Unterschieden zuwenden, die zwischen der Sprache der Altbayern und der Sprache der Preußen bestehen, will ich zunächst eine historische Gemeinsamkeit nicht unerwähnt lassen. Ich habe schon beschrieben, dass die Vorfahren der heutigen Baiern, die Bajuwaren, die im 6. Jahrhundert n. Chr. im Land zwischen Donau und Alpen siedelten, keineswegs ein einheitlicher Volksstamm waren, sondern ein Gemisch aus Kelten, Römern, Germanen, Goten, Slawen, Alemannen usw., wobei sprachlich eine Form des Germanischen, des späteren Deutschen, dominierte. Diese Sprache war, in Anlehnung an die Bezeichnung des Volksstamms der Bajuwaren, das Bairische.

Bei den Preußen war die Entwicklung ähnlich, lief allerdings bedeutend später ab. Das preußische Kernland Brandenburg war durch den Dreißigjährigen Krieg (1618 – 1648) stark verwüstet worden, die Einwohnerzahl hatte sich durch Mord und Totschlag, Seuchen und Hungersnöte halbiert. Den nach diesem Krieg regierenden preußischen Kurfürsten und Königen gelang es jedoch, ethnische und religiös verfolgte Minderheiten aus anderen europäischen Regionen ins Land zu holen, um mit diesen Arbeitskräften ihre Regierungsbezirke wieder auf Vordermann zu bringen. Als Lockmittel erhielten die Zugewanderten unter anderem eine mehrjährige Steuerbefreiung, freie Grundstücke und kostenloses Material für den Häuserbau. Vor allem aber sicherte der preußische Staat ihnen Religionsfreiheit zu. Die darauf einsetzende Einwanderungswelle dauerte bis weit in das 18. Jahrhundert hinein an und führte dazu, dass sich auch in Preußen ein Gemisch aus verschiedenen Volksgruppen bildete. Auch hier dominierte sprachlich eine Form des Germanischen bzw. des Deutschen – natürlich eine andere als bei den Bajuwaren.

Neben diesen beiden früher in Baiern bzw. Preußen gesprochenen Sprachen gab es natürlich noch eine Vielzahl anderer germanischer Sprachen auf dem Gebiet des heutigen Deutschlands, zum Beispiel die bekannten Dialekte der Franken, der Hessen, der Schwaben bzw. Alemannen, der Rheinländer, der Sachsen oder der Friesen. Eine einheitliche gemeinsame deutsche Sprache existierte zunächst nicht. Erst ein knappes Jahrhundert zuvor hatte Martin Luther in seiner Bibelübersetzung von 1522 ein den Dialekten übergeordnetes, allgemeines Standarddeutsch zum Einsatz gebracht, das im Laufe der folgenden Jahrhunderte weiter normiert und standardisiert wurde. Oder anders ausgedrückt: Zuerst waren die deutschen Dialekte da, die über lange Zeit und begleitet von historischen Umwälzungen zur deutschen Standardsprache vereinheitlicht wurden.

Für diese deutsche Einheitssprache gibt es drei verschiedene Begriffe: Standarddeutsch, Schriftdeutsch und Hochdeutsch – „Standarddeutsch", weil es sich um den im deutschen Sprachraum normierten Standard handelt, „Schriftdeutsch", weil man so spricht, wie man die Standardsprache schreibt. Und „Hochdeutsch"? Hier scheiden sich die Geister. Bei meinen bairischen Eltern war es selbstverständlich, die deutsche Standardsprache „Hochdeutsch" zu nennen. Wir wissen heute aber mehr zu diesem Begriff: Die Linguistik unterteilt die deutschen Dialekte in oberdeutsche und niederdeutsche Mundarten. Niederdeutsch spricht man, nach dieser Definition, in den tiefer liegenden, den Küsten und damit dem Meeresspiegel näheren norddeutschen Gebieten, Oberdeutsch – dazu gehört auch Hochdeutsch – im höher gelegenen Süden. Ergo: Nicht die Norddeutschen, sondern die Baiern sprechen Hochdeutsch.

Diese Feststellung der Sprachwissenschaft ist zwar zutreffend, und sie könnte natürlich das Selbstbewusstsein der Baiern stärken. Aber diese rein geografische Zuordnung ist nur die halbe Wahrheit. Und mit der Behauptung, wir Baiern sprächen Hochdeutsch, würden wir sicher überall außerhalb der bairischen Grenzen auf Unverständnis stoßen. Ebenso sachgerecht wie die geografische Definition der Sprachwissenschaftler ist deshalb die Betrachtung unter dem Aspekt der Über- bzw. Unterordnung, wie sie meine Eltern praktizierten. Die deutsche Standardsprache ist nun einmal das gemeinsame Dach über allen deutschen Sprachen und Dialekten. Und unbestreitbar ist ein Dach nun einmal höher als der Rest eines Gebäudes – und deshalb heißt die gemeinsame Standardsprache zu Recht heute „Hoch-Deutsch".

Prof. Dr. Zehetner formuliert das so: „Hochdeutsch hat sich von einem geografischen zu einem normierenden Begriff entwickelt." Auch der Duden nennt für „Hochdeutsch" beide Bedeutungen, wobei die geografische Definition dort erst an zweiter Stelle steht! Sicher deshalb, weil sie außerhalb Baierns weder bekannt noch gebräuchlich ist. Ich würde sagen, dass man durchaus auch als Baier synonym für „Standarddeutsch" den Begriff „Hochdeutsch" verwenden kann, ohne dafür gleich als Landesverräter geächtet zu werden. Sogar Johann Andreas Schmeller († 1852), der sicher nicht im Verdacht steht, kein guter Baier gewesen zu sein, schreibt in seinem „Bayerischen Wörterbuch" in Band I, Spalte 244: „Nach einem bekannten Scherz sagte ein gutbayrischer Bauer zu seinem hochdeutschen (!) Kirchweihgast …" Bereits vor 200 Jahren und lange vor der in Bayern verhassten Reichsgründung 1871 war es also offensichtlich üblich, Schriftdeutsch sprechende Besucher als „hochdeutsche Gäste" zu bezeichnen.

Natürlich behaupten die Preußen gern, dass nur sie „richtiges" Deutsch, also das normierte Standarddeutsch sprechen – obwohl dies laut Prof. Dr. Zehetner nur für eine Handvoll Menschen im Raum Hannover gilt und alle übrigen Preußen sich ebenfalls in irgendeiner Ausformung eines Dialekts äußern. Norddeutsche Dialekte sind daher keineswegs das Dach über allem! Aber mit der Bezeichnung „Hochdeutsch" wollen die Preußen vor allem den Eindruck erwecken, dass ihre Sprache etwas Höherwertiges, Besseres sei. Und das wollen ja die Preußen meistens sein: was Besseres.

Das kann uns Baiern aber wurscht sein. Wir wissen, dass das Bairische wesentlich schöner, wertvoller und deshalb höherwertiger ist als das eintönige, abgeflachte Standarddeutsch. Meine Mutter hätte in diesem Fall über die überheblichen Preußen gesagt: „**Des is ja bloß der Neid!**"

Nur eines muss man der Vollständigkeit halber und völlig neidlos zugeben: dass die Sprache vieler Preußen näher am heutigen Standarddeutschen liegt als das Bairische – der Hauptgrund, weshalb es üblich geworden ist, das Standarddeutsche mit der Sprache der Preußen gleichzusetzen. Auch wenn's eigentlich nicht stimmt.

Nun aber zu den Unterschieden zwischen der Sprache der Baiern und der Sprache der Preußen, der wir trotz der genannten Bedenken, aber mangels anderer Möglichkeiten die deutsche Standardsprache zugrunde legen.

Strebt man den direkten Vergleich an, so stellt man fest, dass es vier Teilbereiche gibt, in denen sich die bairische Sprache vom Standarddeutschen unterscheidet:

1. **Die meisten Wörter des Standarddeutschen gibt es auch im bairischen Dialekt, sie werden dort nur anders ausgesprochen.**

   Zum Beispiel:
   Mo für „Mann“
   Wei für „Weib“
   Kadoffe für „Kartoffel“
   Schweinsbråån für „Schweinebraten“

   Die Unterschiede sind in der Regel nicht gravierend. Der Dialektsprecher wird in diesen Fällen meistens auch von einem nur des Standarddeutschen mächtigen Norddeutschen verstanden – sofern er es mit seinem Dialekt nicht übertreibt.

   Eine wichtige Besonderheit bei der Aussprache der Wörter im bairischen Dialekt sind die Diphthonge. So wird das schriftdeutsche „ei“ im Bairischen oft zu **oà**, wie im **Oàchkàtzlschwoàf** (Eichkätzchen-, Eichhörnchenschweif) oder im **Loàwedoàg** (Laibchenteig). Manche unerfahrenen Nordlichter glauben, daraus ableiten zu können, dass im Bairischen ihr schriftdeutsches „ei“ immer als **oà** gesprochen wird. Dem ist aber nicht so. Und das ist gut so. Wohin es nämlich führen würde, wenn man die Diphthonge inflationär verwenden würde, zeigt das folgende Gedicht mit dem Titel „Oadlwoaß“ (Edelweiß), das der Literat Hanns von Gumppenberg (1866–1928) verfasst und dabei ironisch mit dem Zusatz „Nach einer oberbayerischen Dialektdichterin“ veröffentlicht hat:

Bairisch:	**Standarddeutsch:**
O Berg – euch liab ich allezoat,	O Berge, euch lieb ich allezeit,
Ja selbscht im Winter, wenn es schnoat!	Ja selbst im Winter, wenn es schneit.
Ich grüaß den roanen Sunnenschoan	Ich grüß den reinen Sonnenschein
Und stoag ins stoale G'wänd hinoan.	Und steig ins steile Gewänd hinein.
Da wern miar wohl die Woadel hoaß,	Da werden mir wohl die Wadel heiß,
Doch grüaßt mich z'letzt oan Oadelwoaß,	Doch grüßt mich zuletzt ein Edelweiß,
Oan Oadelwoaß!	Ein Edelweiß!
O Liad, gediachtet still dahoam,	O Lied, gedichtet still daheim,
Wia g'froat von diar mich jeda Roam!	Wie freut von dir mich jeder Reim!
Jetzt kling von Berg zu Bergen woat	Jetzt klinge von Berg zu Bergen weit
Zum Proas der Alpenherrlichkoat!	Zum Preis der Alpenherrlichkeit!
Und singt dich d'Senn'rin hoch am Oas,	Und singt dich die Sennerin hoch am Eis,
Dann bist auch du oan Oadelwoaß,	Dann bist auch du ein Edelweiß,
Oan Oadelwoaß!	Ein Edelweiß!

2. **Viele bairische Wörter gibt es nur im Bairischen, es gibt dafür kein Pendant im Standarddeutschen.**

Zum Beispiel:
Dàxn für die Zweige der Nadelbäume
Schiàßn für die Giebelseite eines Hauses
dàläxn für „durstig, ausgetrocknet“

Diese Wörter sind in der Regel in den gängigen bairischen Wörterbüchern enthalten, zum Beispiel in „Bairisches Deutsch – Lexikon der deutschen Sprache in Altbayern“ von Prof. Dr. Ludwig Zehetner oder in meinem Buch „Bazi, Blunzn, Breznsoizer“.

Verwendet der Baier solche speziell bairischen Idiome, wird die Verständigung mit einem Preußen sehr schwierig. In diesem Fall ist es oft notwendig, dass der Baier mit **Händd und Fiàß** (Händen und Füßen) redet.

Diese bairischen Spezialitäten und die besondere bairische Aussprache ermöglichen es, auf Bairisch besonders facettenreich, feinsinnig und wohltuend lautmalerisch zu formulieren (vgl. das folgende Kapitel „Bairisch – bildhaft, lautmalerisch und facettenreich“).

3. **Besonderheiten der bairischen Grammatik grenzen den Dialekt zum Standarddeutschen ab.**

   Zum Beispiel die doppelte Verneinung oder der bairische Konjunktiv der Höflichkeit.

   Diese Sonderformen führen bei der Unterhaltung zwischen Baiern und Preußen gelegentlich zu Missverständnissen. Dazu mehr im Kapitel „Bairische Sprach-Schmànkerl“.

4. **Bairische Sinnsprüche, Redewendungen, Floskeln und Idiome sind etwas ebenso Besonderes wie Eigenständiges.**

   Und es gibt sie für alle Lebensbereiche in Hülle und Fülle! Ihr Sinn bzw. Hintersinn ist ebenfalls für Fremde oft nur schwer bis überhaupt nicht zu erkennen. Viele davon sind in meinen Büchern „A Hund bist fei scho“ und „Jetz gherst da Katz!“ nachzulesen.

Diese vier Unterschiede sind der Grund dafür, dass sich die große Mehrheit der Preußen mit dem bairischen Dialekt schwertut und umgekehrt die überwiegende Zahl der Baiern mit der Schriftsprache der Preußen. Dazu eine kleine Geschichte des Autors Josef Fendl:

> Der Huber Sepp aus Straubing erzählt seinem Freund, dem Haflinger Max, dass seine Tochter jetzt in München als Dolmetscherin arbeitet, und das sei sehr schwierig. Darauf meint der Haflinger Max verständnisvoll: **„Ja, ja, des Hochdeitsche, des håt àn Deife!“** (Ja, ja, das Hochdeutsche, das hat einen Teufel, will sagen: seine Tücken!)

Aber nicht nur das Hochdeutsche hat für die Baiern **àn Deife**, nein, auch umgekehrt erwischt es all diejenigen, die unvorbereitet auf die bairische Mundart treffen, vielleicht sogar in noch größerem Maße. Der heutige Baier kommt durch regelmäßigen Rundfunk- und Fernsehkonsum inzwischen mit dem Standarddeutschen einigermaßen gut zurecht und kann sich auch meistens entsprechend artikulieren – mancher mehr schlecht als recht, aber im Großen und Ganzen doch ganz passabel. Der Nicht-Baier hat aber – abgesehen von direkten, unerbittlichen Kontakten mit Bairischsprechern – kaum eine Möglichkeit, sich Kenntnisse über den bairischen Dialekt zu verschaffen. Kein Wunder, dass es in der Regel schon beim Verstehen hapert, ganz zu schweigen vom aktiven Sprechen des bairischen Dialekts. **Da beißt's aus!** Neben den oben erwähnten Diphthongen ist z. B. die Anwendung der drei verschiedenen bairischen „a" (vgl. „Spickzettel") für einen Preußen ein Buch mit sieben Siegeln. Wenn man die dafür geltenden Regeln nicht mit der Muttermilch eingesogen hat, ist es nahezu ausgeschlossen, sie sich später noch anzueignen. Entsprechende Versuche enden oft mit Gelächter, allenfalls mit höflichem Beifall, man rät dem Probanden aber in der Regel, seine eifrigen, doch aussichtslosen Bemühungen besser einzustellen.

Es gibt davon nur wenige Ausnahmen. Eine davon ist Prof. Dr. Antony Rowley, den man zum Leiter der bairischen Mundartkommission der Bayerischen Akademie der Wissenschaften bestellt hatte, obwohl er weder ein Bayer noch seine Muttersprache Bairisch war. Er kommt nämlich aus England, hat es aber trotzdem geschafft, die Feinheiten des bairischen Dialekts nicht nur theoretisch zu behandeln, sondern sie auch in aktive Sprache umzusetzen. Seine Berufung zum Leiter der bairischen Mundartkommission fand naturgemäß bei eingefleischten Altbayern keine große Zustimmung. Sie trösteten sich aber schließlich damit, dass Rowley wenigstens kein **Breiß** ist.

Ich kenne noch ein paar weitere derart sprachbegabte Preußen. Eine davon ist die Karin Sellmair in Petershausen. Sie stammt aus Berlin und wuchs dort auch auf. Erst als Erwachsene kam sie mit ihrem Vater nach Baiern, wo sie den Metzger Sepp (Hausname) geheiratet hat. Sie spricht perfektes Bairisch und hat mir am

Rande eines meiner Vorträge einen Spruch genannt, der mir bis dahin unbekannt war und den sie von ihrem Schwiegervater kannte. Weil er wirklich gut ist, will ich ihn hier wiederholen:

Då hebst à-n Ehr auf wià-r-à Lous mit oàn Fàckè.
Da hebst du eine Ehre auf (gewinnst Anerkennung)
wie ein Mutterschwein mit (nur) einem Ferkel.

Der Bauer erwartet nämlich bei einem Wurf eine größere Zahl von Ferkeln. Als **Lous** bezeichnete übrigens meine tiefkatholische Mutter auch Frauen, die ihre Brüste offen zur Schau stellten und sie damit an die Zitzen einer Muttersau erinnerten. Ihr Kommentar dazu war: **„Dass sà se net schàmmà!“** (Dass sie sich nicht schämen!)

Zu Missverständnissen zwischen den Baiern und den Preußen kommt es gelegentlich, weil bei ihnen ein völlig gleichlautendes Wort jeweils unterschiedliche Bedeutung haben kann. Hier sei ein oben bereits kurz erwähntes Beispiel aus dem „Bayerischen Wörterbuch“ von Johann Andreas Schmeller noch einmal allen Lesern ans Herz gelegt: Unter dem Lemma „Bain“ findet man folgenden scherzhaften Spruch eines bairischen Bauern zu seinem hochdeutschen Kirchweihgast:

Deàts fei Boànà net untern Diesch, sunst kimmt dà grouss’ Hund drübà.
Tut doch bitte die Knochen nicht unter den Tisch,
sonst kommt der große Hund darüber.

Der Witz dieser Bitte liegt in der unterschiedlichen Bedeutung des Wortes **Boà**, das im Standarddeutschen das Bein, im Bairischen dagegen den Knochen bezeichnet. Der bairische Bauer bittet darum, die abgenagten Knochen nicht unter den Tisch zu werfen, während der preußische Besucher ängstlich die Beine anzieht, um den großen Hund nicht zu provozieren.

Die Altbayern pflegen ihren Dialekt, sie haben aber erkannt, dass es für das gegenseitige Verstehen in Deutschland vorteilhaft ist, wenn man über gute Kenntnisse der Schriftsprache verfügt. Je höher der Bildungsgrad, desto höher sind dabei die Ansprüche. Vor allem für ein Hochschulstudium sollte man Schriftdeutsch als erste Fremdsprache verhandlungssicher beherrschen, und allerspätestens im Examen hilft auch der Rückgriff auf den herrlichen bairischen Dialekt nicht gegen Lernlücken, wie die nächste Geschichte aus der Medizinischen Fakultät der Universität München zeigt:

> Der bairische Professor prüft einen bairischen Medizinstudenten. Eine Frau mit entblößter Brust wird hereingeführt. „Schauen Sie sich die Patientin genau an und stellen Sie dann Ihre Diagnose!“, verlangt der Professor.
> Schon nach wenigen Minuten ist sich der Prüfling sicher: **„De Duddn sàn entzundn.**“
> Der Professor drauf: „Also erstens heißt es nicht ‚**Duddn**‘, sondern ‚Brust‘, zweitens heißt es nicht ‚**entzundn**‘, sondern ‚entzündet‘, und drittens **sàn de Duddn net entzundn!**“

Die bairische Sprache – bildhaft, lautmalerisch und facettenreich

Die bairische Sprache unterscheidet sich von der der Preußen unter anderem durch ihre vielseitigen bildhaften Ausdrucksmöglichkeiten. Darauf verstehen sich in Baiern schon die Kinder. So schrieb, nach dem Autor Josef Fendl, einmal ein oberbayerischer Schulbub in einem Aufsatz über die Tölzer Leonhardi-Fahrt: „Am besten gefallen hat mir der Wagen mit der Musik, weil ich mir gedacht habe, **denen dersteßt's die Fotzn schön, wenn's über die Bruck geht und recht boußt.**" (... die zerstoßen sich den Mund ziemlich, wenn es über die Brücke geht und stark ruckelt.)

Boußn ist ein uraltes bairisches Wort, das im Standarddeutschen nur noch im „Amboss" erhalten geblieben ist und „schlagen, stoßen" bedeutet. Fröhliche Urständ feierte dieses Wort in seiner englischen Form *boostern* während der Corona-Pandemie.

Der bairische Dialekt hat aber auch eine starke lautmalerische Komponente. Davon ist einiges in diesem Buch enthalten. Hier ein weiteres Beispiel: Das **Kràcherl**, die niederbayerische Bezeichnung für „Limonade", beschreibt optimal das Geräusch beim Öffnen der früheren Limonadenflaschen, die vor der Einführung des Bügelverschlusses mit einer Glaskugel verschlossen waren (sog. Knicker- oder auch Klickerflaschen). Diese Kugel musste man beim Öffnen nach innen drücken, was einen kleinen Knall, also ein „krachendes" Geräusch zur Folge hatte.

An dieser Stelle darf ich jetzt einen Preußen loben: Karl Weinhold, geboren in Schlesien, Professor in Krakau, Graz, Kiel, Breslau und Berlin, schrieb 1867 die erste Bairische Grammatik. Von ihm stammt ein Satz, mit dem er den schönen Klang der Mundart lobt: „Dagegen heben die eingeborenen Dichter unserer Tage, welche sich der Mundart bedienen, mit großer Begeisterung den Wohlklang, die Weichheit und Treuherzigkeit hervor."

Zum Beweis für den Wohlklang des bairischen Dialekts hier eine Konjugation, die sich fast wie eine Melodie anhört:

Ràmà dur i	Räumen tu ich
Ràmà duàst	Räumen tust du
Ràmà duàt à	Räumen tut er
Ràmà deà mà	Räumen tun wir
Ràmà deàts	Räumen tut ihr
Ràmà deàn s'	Räumen tun sie

Dazu passt auch der nächste kurze Satz, der an das Lied (!) „Ramtamtam" der Gruppe „Die Mayrhofner" erinnert:

Ràmzà's zamm!
Räumt es weg!

Dass man es mit dem Wohlklang aber auch übertreiben kann, zeigt der folgende Satz, den wir als Jugendliche gern scherzhaft benutzt haben. Darin wird das grammatikalisch richtige **spritzàd** zu „spràtzàd" und das korrekte **wàhàd** (für „wehte") zu „wuch" verballhornt:

Wenn's nur gråd ràng,
dass der Dreeg spràtzàd und dà Wind wuch.
Wenn es nur regnen würde,
dass der Dreck spritzte und der Wind wehte.

Diesen Spruch hat Herbert Schneider noch erweitert und bezüglich der verhassten Schule und seines Lehrers auf die Spitze getrieben:

Wenn's nur gråd ràng oder schnieb,
dass der Dreeg spràtz und 's Schuihaus vàbrànn
und der Lehrer vàràck.
Wenn es nur regnen oder schneien würde,
dass der Dreck spritzte und das Schulhaus verbrennen
und der Lehrer verrecken würde.

Interessante Dialektlaute ergeben sich auch, wenn man den Satz „Wenn ich einen **Schmai** hätte, schnupfte ich ihn“ konjugiert (**Schmai** ist die bairische Kurzform für einen Schnupftabak namens „Schmalzler“). Wie oft im Bairischen wird der Konjunktiv von „schnupfen“ auch hier mit einem angehängten **-àd** (**schnupfàd**) gebildet.

Wenn i àn Schmai häd,	**schnupfàd èn.**
	... schnupfte ich ihn.
Wennst àn Schmai hädst,	**schupfàdst'n.**
	... schnupftest du ihn.
Wenn er àn Schmai häd,	**schnupfàd à'n.**
	... schnupfte er ihn.
Wenns àn Schmai häd,	**schnupfàd s'n.**
	... schnupfte sie ihn.
Wemmà àn Schmai hän,	**schnupfàd mà'n.**
	... schnupften wir ihn.
Wennts àn Schmai häds,	**schnupfàds'n.**
	... schnupftet ihr ihn.
Wenn s' àn Schmai hän,	**schnupfàdn s'n.**
	... schnupften sie ihn.

Besonders bemerkenswert ist die Konsonantenfolge am Ende von **schnupfàdn s'n**.

Einer meiner Kinderfreunde war der Ziller Hansi. Er hielt sich oft bei seinen Großeltern, unseren Nachbarn, auf. Hansis Großvater war als begeisterter Schnupfer bekannt. Als meine Mutter einmal den Hansi fragte, was denn seine Oma dazu sage, wenn der Opa immer schnupft und schneuzt, antwortete der Hansi verschämt: „**Du oider Saubär.**“ (Du alter Saubär.)

Mein Kinderfreund Hansi betreibt heute ein Fahrradgeschäft. Als ich bei ihm einmal einen Fahrradmantel (Fachausdruck: Fahrraddecke) kaufen wollte, befand sich zufällig auch sein damals vierjähriger Neffe im Laden. Auf Nicks Frage nach meinem Begehr sagte ich: „**I brauchàd àn neià Mantl.**“ (Ich bräuchte einen neuen Mantel), worauf der Knirps sich einmischte und sagte: „**Mià sàn koà Mantlgschäft, mià sàn à Ràdlgschäft!**“ (Wir sind kein Mantelgeschäft, wir sind ein Fahrradgeschäft!)

Bairisch eignet sich auf Grund seines lautmalerischen Potenzials auch besonders gut zum Fluchen und Schimpfen: **HimmeHerrschaftSakramentZefixAlleluja** ist eine der derben, früher oft gebrauchten Fluchketten (vgl. auch das Lemma „Sàkràdi“ im Kapitel „Bairische Wörter mit französischen Wurzeln“). Heute hört man solche Kraftausdrücke allerdings kaum noch. Das liegt aber nicht daran, dass neuerdings alles funktionieren würde, sondern eher daran, dass der Einfluss der Religion nicht mehr so groß ist wie früher.

Das Bairische hebt sich auch dadurch vom Schriftdeutschen ab, dass es ausgesprochen facettenreich ist. Mittels feinnuancierter Formulierungen lassen sich auch feinste Abstufungen von Sachverhalten kenntlich machen. Dies gilt sowohl für Adjektive als auch für Substantive.

Bemerkenswert ist in diesem Zusammenhang, dass im Bairischen das farblose Adverb „sehr“ fehlt. Was auf den ersten Blick als Mangel erscheint, ist nur der Beweis für die Raffinesse des Bairischen: Anstatt sich auf dieses einheitliche, langweilige „sehr“ als Steigerungsmerkmal einer Aussage zu stützen, werden – je nach Situation – spezielle, wesentlich farbenfrohere Ausdrucksmöglichkeiten genutzt, die im Standarddeutschen teilweise auch existieren mögen, aber bedauerlich selten zum Einsatz gebracht werden.

Bei uns ist man nicht „sehr alt“, sondern **stoàoid** (steinalt), man ist **zeckerlfoàst** (feist wie eine Zecke, die sich mit Blut vollgesaugt hat), **gruserl-** bzw. **gackerlgelb** (kräftig gelb wie die Hühnerküken oder der Eidotter), vielleicht auch **fuxdeifeswuid** (fuchsteufelswild), aber allerweil **pumperlgsund** (kerngesund) oder **hechtngsund** (gesund wie ein Hecht, quicklebendig, wie ein Fisch im Wasser).

Wie bei diesen Adjektiven, so haben die Baiern auch für viele Substantive kleinste Unterschiede dadurch sprachlich herausgearbeitet, dass sie mehrere, manchmal sogar eine enorme Vielzahl von Synonymen gebildet haben. Das beste Beispiel dafür sind die unglaublich detaillierten und feinsinnigen bairischen Bezeichnungen für ihre Mitmenschen und deren unterschiedlichste Eigenschaften und Fähigkeiten. Alle diese Bezeichnungen hier aufzuführen, würde den Rahmen des Buches sprengen. Ich will mich daher auf die Ausdrücke für die Kinder und Jugendlichen beschränken. In der folgenden Zusammenstellung sind Singular und Plural, soweit vorhanden, durch einen Schrägstrich getrennt.

· **Bams/Bamsn**	· kleines, lästiges Kind
· **Bangert/Bangertn**	· ungezogenes Kind; früher abschätzig für nichteheliches Kind, das auf der Schlafbank der Dirn gezeugt worden sein soll
· **Fratz/Fratzn**	· ungezogenes Kind; kann aber für ein besonders nettes Kind auch positiv verwendet werden: „**So à liaba Fratz!**" (So ein liebes Kind!)
· **Krampn/Krampn**	· ungezogenes, bösartiges Kind
· **Tschàpperl, Trudscherl**	· einfältiges, ungeschicktes Kind; kann auch liebevoll gemeint sein
· **Hàscherl, Woàserl**	· unselbstständiges, unglückliches, bemitleidenswertes Kind
· **Schràz/Schràzn**	· lästiges Kind
· **Wåår, Butzlwåår**	· Kinderschar, wörtlich: Ware; „**Am Sonntag war meistens de ganz' Wåår bei uns.**" (Am Sonntag waren meistens sämtliche Nachbarskinder bei uns.)
· **Bruàtt**	· Brut; Nachwuchs, sämtliche Kinder einer Familie oder negativ für eine Personengruppe, die fragwürdige Ziele verfolgt
· **Lauser, Lausbuà, Lausdeàndl, Hundsbuà, -deàndl, Saubuà, -deàndl, Malefizbuà, -deàndl**	· frecher Bub, freches Mädchen, Frechdachs, Schelm; **Lausbuà** und **Lausdeàndl** sind eher liebevoll und nachsichtig gemeint, der **Hundsbuà** und der **Saubuà** haben etwas angestellt, der **Malefizbuà** hat sich Schlimmes erlaubt, dafür gab es dann schon manchmal eine Tracht Prügel.

· **Rotzbuà, Rotzdeàndl, Rotzleffe, Rotzbibbm**	· Rotzbub, Rotzmädchen, Rotzlöffel, Rotzpipe; frecher, vorlauter Bub oder Jugendlicher, dem – auch im übertragenen Sinn – die Nase läuft; mit dem „Löffel“ sind die Ohren gemeint, die man dem Betreffenden langziehen sollte.
· **freche Goàß**	· freche Geiß (Ziege); freches, aber liebenwertes Mädchen
· **kloàner Schoàß**	· nicht ganz für voll zu nehmendes Kind (auch für Erwachsene von geringer Körpergröße)
· **Gribbe, Hundsgribbe, Saugribbe**	· Krüppel (hat nichts mit einer körperlichen Behinderung zu tun); freches Kind, vor allem wenn es etwas angestellt hat: „**Du Hundsgribbe, du vàrrecktà!**“ (Du Hundskrüppel, du verreckter!); die Bezeichnung **Hundsmàtz** wird nur für aggressive Hunde verwendet, nicht für Menschen.
· **Aufdreiwàdà, Treibauf, Fegeisen**	· lebhaftes, lautes, umtriebiges Kind, das **koàn Sitzàdn** (keinen Sitzenden) hat, also nicht ruhig sitzen kann
· **Dropf**	· Tropf; frecher Bub, Schlingel, auch: einfältiger Kerl
· **Stroàch**	· ausgelassener, übermütiger, zu Streichen aufgelegter Bursche, Spaßvogel
· **gstroàchter Stenz**	· übermütiger Geck
· **gstroàchte Goàß**	· übermütige Ziege; weibliche Form des **Stroàch**
· **Wuidling**	· Wilder; lebhaftes, wildes Kind
· **Muxl**	· kleiner Teufel; lebhaftes, wildes Kind
· **Türkl**	· kleiner Türke (noch in Anlehnung an die Türkenkriege vom 15. bis ins

18. Jahrhundert); rücksichtsloses, wildes Kind

- **Schláwuzi** · Schlawiner in klein, aufgewecktes Kind, kleiner Gauner
- **Gschoßerl** · lebhaftes, nettes, aber eher leichtfertiges, flatterhaftes Mädchen
- **Gnàràdà** · Knarrender; ungeduldig winselndes, quengelndes Kind
- **Hosndrädrä** · kleines Kind, Hosenmatz
- **Hosnscheißer** · Kind, das so klein ist, dass man mit hoher Wahrscheinlichkeit annehmen kann, dass es noch in die Hose macht
- **Herzibobberl** · Herzpüppchen; Liebling, z B. der Eltern oder einer Lehrkraft; bevorzugtes Kind
- **Muàttàkeiwe** · Mutterkalb; Kind, das immer noch am Rockzipfel der Mutter hängt, obwohl es schon älter ist
- **Brietschhàferl** · Kind, das andere, vor allem bei den Erwachsenen, verpetzt; wer **britscht,** ist klatschsüchtig, ein **Hàferl** ist ein kleiner Topf.
- **Hemàdlenz** · ausschließlich mit einem Hemd bzw. Nachthemd bekleideter Bub
- **Bürschàl** · Bürschchen; Bursche in abwertendem Sinn; „**Büürschàl!**" ist eine Drohung.
- **Zigarettenbürschàl** · Bürschchen, das zur Hebung seines Selbstbewusstseins in der Öffentlichkeit Zigaretten raucht; Halbstarker
- **junger Duddàrà** · unerfahrener, unreifer junger Mann, der fast noch an der Mutterbrust (bairisch: **Duddn**) hängt, über den man auch sagt: **„Bei dem is no net amoi dà Doàg aufgangà."** (Bei dem ist noch nicht

	einmal der Teig aufgegangen, d.h. der ist in seiner Entwicklung noch weit zurückgeblieben, dem fehlt jeglicher Durchblick.)
· **junger Hupfer, junger Spritzer**	· unerfahrener, unreifer junger Mann
· **junger Kàmpe**	· junger Bursche (evtl. Anspielung auf den roten Kamm auf dem Kopf des Hahns, der diesem manchmal schwillt); unerfahrener, leichtsinniger, unreifer junger Mann
· **lustiger Kàmpe**	· anerkennend: (lebens-)lustiger junger Mann
· **Kniàbiesler**	· Kniebiesler; Kind, das sich noch unbeholfen auf die Beine uriniert; unreifer junger Mann, der sich kindisch verhält

Dass der Baier äußerst gefühlvoll und differenziert formulieren kann, schließt allerdings nicht aus, dass er gelegentlich eine nur schwer nachvollziehbare Ausdrucksweise pflegt, so im folgenden, von Autor Josef Fendl aufgefangenen Spruch einer Bäuerin:

Ràffà deàmà efter, i und mei Mo,
aber gstrittn ham mir no nià!
Raufen tun wir öfter, ich und mein Mann,
aber gestritten haben wir noch nie!

Bairische Sprach-Schmànkerl

Mögen die Unterschiede zwischen der Sprache der Altbayern und der der Preußen noch so zahlreich sein, gibt es doch ein paar ganz besondere Eigenarten, die den Nicht-Baiern regelmäßig den Angstschweiß auf die vor Anstrengung gerunzelte Stirn treiben. Abweichungen im Wortschatz und in der Aussprache lassen sich immer wieder sogar von reinen Hochdeutsch-Sprechern umschiffen. Doch kaum ein Breiß hat eine Chance bei den echten bairischen Sprach-**Schmànkerln**.

Nehmen wir zum Beispiel die drei verschiedenen Formen des „a" im Bairischen: das helle **à**, das dunkle **å** und das normale **a** (vgl. „Spickzettel"). Man sollte diese drei Formen nicht nur beim Sprechen, sondern auch beim Schreiben unbedingt auseinanderhalten. Zum Beispiel besteht ein großer Unterschied zwischen **batzn** und **bàtzn**: Wenn man jemandem **oàne batzt** (eine „klebt"), bekommt er eine Ohrfeige; wenn die Kinder **im Dreeg bàtzn**, dann spielen, wühlen und kneten sie im Dreck herum. Auch zwischen der großen **Gåwe** (Heugabel, Mistgabel) und dem kleinen **Gàwe** (Besteckgabel) unterscheidet der Baier sehr feinsinnig durch das unterschiedliche „a".

Gitarristen zitieren an dieser Stelle gerne einen Satz, in dem alle diese drei „a" nacheinander vorkommen, nämlich wenn bei ihrem Instrument nach der E-Saite auch noch die A-Saite abreißt. Dieses Malheur beklagen sie mit dem Ausruf:

Jetz is's ‚A' àà åå.
Jetzt ist das ‚A' auch ab.

Neben seinen besonderen Lauten weist der bairische Dialekt eine ganze Reihe vom Standarddeutschen abweichender Besonderheiten auf, die durchaus den Status **Schmànkerl** verdienen. Dabei handelt es sich hauptsächlich um Abweichungen von der Grammatik der deutschen Standardsprache. Das hört sich jetzt vielleicht etwas trocken an, ist aber erstaunlich interessant und oft auch recht lustig.

Die doppelte Verneinung

Diese bairische Spezialität bedeutet, dass in einem Satz zwei verneinende Aussagen enthalten sind, die sich aber nicht, wie im allgemeinen deutschen Sprachgebrauch – oder in der Mathematik – üblich, gegenseitig aufheben, sondern die Verneinung verstärken. Hier ein paar Beispiele:

I håb koà Gejd net.
Wörtlich: Ich habe kein Geld nicht.
Wer *kein* Geld *nicht* hat, müsste eigentlich Geld haben.
Gemeint ist aber: Ich habe kein Geld.

Des konn koàn Deife net kostn.
Wörtlich: Das kann keinen Teufel nicht kosten,
gemeint ist damit aber: Das kann keinen Teufel kosten,
das kann nicht viel kosten.

I håb nià nix gsagt.
Wörtlich: Ich habe nie nichts gesagt,
gemeint ist aber: Ich habe nie etwas gesagt.

Wenn schon, denn schon, denkt sich der Baier, und beschränkt sich nicht auf die doppelte Verneinung. Es gibt auch eine dreifache Verneinung! Wenn z. B. jemand im Bierzelt keinen Sitzplatz findet, fragt man ihn empathisch:

Findst nindascht koàn Blåtz net?
Findest du nirgends (1) keinen (2) Platz nicht (3)?

Damit aber nicht genug: Es gibt eine vierfache Verneinung:

Då herin find i nià nindàscht koàn Blåtz net.
Da herinnen finde ich nie (1) nirgends (2) keinen (3)
Platz nicht (4).

Bei uns håt no nià koàner koàn Hunger net leidn miàssn.
Bei uns hat noch nie (1) keiner (2) keinen (3) Hunger nicht (4) leiden müssen.

Auch damit aber noch nicht genug: Sogar eine fünffache Verneinung ist möglich! Wenn jemand ein Bier ablehnt, sagt der bairische Gastgeber:

Bei uns håt no nià net koànà koà Bier net woin!
Bei uns hat noch nie (1) nicht (2) keiner (3) kein (4) Bier nicht (5) gewollt.

Bemerkenswert ist bei diesen Mehrfach-Verneinungen, dass es sich keineswegs um eine rein bairische Besonderheit handelt. Laut dem Sprachwissenschaftler Günther Grewendorf findet man dieses Phänomen in vielen anderen Sprachen, zum Beispiel Griechisch, Katalanisch, Rumänisch, Ungarisch, in romanischen und slawischen Sprachen und sogar in der Sprache der Berber – nicht aber in der entsprechend ärmeren deutschen Standardsprache.

Die erste Vergangenheit – das Präteritum

Für die erste Vergangenheit lernten wir auf dem Gymnasium noch den vom Lateinischen stammenden Ausdruck Imperfekt, was sehr nah an „unperfekt" dran ist, was wiederum perfekt beschreibt, was die Baiern von dieser Vergangenheitsform halten – nämlich nichts: ich ging, er lief, sie sagte. So reden die Preußen. Im Bairischen wird diese Form NICHT verwendet!

Der Baier versteht sie zwar, benutzt sie aber nur in ganz wenigen Ausnahmefällen. Bei uns heißt es **i bin gangà**, **er is glàffà**, **sie håt gsagt** (ich bin gegangen, er ist gelaufen, sie hat gesagt). Ausnahmen sind zum Beispiel **i war** (ich war), **i woidd** (ich wollte) oder **i soidd** (ich sollte).

Der Grund, auf diese Form der Vergangenheit weitgehend zu verzichten, dürfte schlicht darin liegen, dass dafür keine Notwendigkeit besteht. Es liegt auf der Hand, dass ein Volk, das beim

Sprechen gern einzelne oder auch mehrere Buchstaben unter den Tisch fallen lässt, um sich den Redevorgang zu vereinfachen, so etwas Kompliziertes wie ein (fast) überflüssiges Präteritum ignoriert.

Einen wahren Schock versetzte mir meine von Haus aus bairisch sprechende Enkelin, als sie nach einigen Monaten Kindergarten mit unvermeidlichen Kontakten zu schriftdeutsch sprechenden Kindern auf eine Frage von mir antwortete: „Ich sagte dir doch …“

Das andere Geschlecht – der Genuswechsel

Hier geht es nicht um eine medizinische Geschlechtsumwandlung, sondern darum, dass manche Substantive im Bairischen ein vom Standarddeutschen abweichendes Geschlecht aufweisen. In meiner Schulzeit gab es vor allem ein Wort, das davon betroffen war: **Der Butter**, wie man im Dialekt sagt, wurde ausgerottet. Wer „der Butter“ sagte, war blöd und hinterwäldlerisch, und im Laufe der Zeit wussten alle Baiern, dass es „die Butter“ heißen muss. Verfiel jemand in seinen bairischen Dialekt und rutschte ihm versehentlich doch einmal **der Butter** heraus, fielen die übrigen Anwesenden gleich besserwisserisch über ihn her und riefen ihm zu: „**Die Butter hoàßt des!**“ (Die Butter heißt das!)

Bei meinem Studium des bairischen Dialekts wurde mir bewusst, dass diese Situation nicht nur beim (!) **Butter**, sondern bei einer ganzen Reihe weiterer Substantive besteht, die im Standarddeutschen weiblich, im Bairischen dagegen männlich sind:

der Aschn	die Asche
der Backà	die Backe
der Dortn	die Torte
der Hàx	die Haxe
der Heischreck	die Heuschrecke
der Kadoffe	die Kartoffel
der Karrn	die Karre
der Luft (für ein „Lüftchen“)	die Luft
der Nuller	die Null
der Oànsà, Zwoarer usw.	die Eins, die Zwei usw.

der Babbàdeckl	die Pappe
der Bädàsui	die Petersilie
der Ratz	die Ratte
der Scherm	die Scherbe
der Schnack	die Schnake
der Schneck	die Schnecke
der Schrauf	die Schraube
der Schoglàd	die Schokolade
der Schubkarrn (alt: **Schuckaan**)	die Schubkarre
der Schurz	die Schürze
der Soggà	die Socke
der Schpiez	die Spitze
der Wàdl	die Wade
der Weps	die Wespe
der Zächà	die Zehe
der Zackn	die Zacke
der Zeck	die Zecke
der Zwiefe	die Zwiebel

Auch möglich, aber seltener ist der umgekehrte Genuswechsel, also Wörter, die im Standarddeutschen männlich, im Bairischen dagegen weiblich sind, z. B:

die Huàstn	der Husten
die Schneid	der Mut
die Schouß	der Schoß

Auch einige Wörter, die im Bairischen als Neutrum auftreten, haben in der Schriftsprache ein anderes Geschlecht:

das Eck (ausschließlich)	die Ecke (in der Regel, selten auch das Eck)
das Kàppè	die Kappe
das Màmàlàd	die Marmelade
das Sach	(wörtl.: die Sache) der Besitz, das Anwesen
das Teller	der Teller
das Tunell	der Tunnel

Genau umgekehrt ist es bei den nachstehenden Wörtern, die im Standarddeutschen als Neutrum auftreten:

das Album	**der Album**
das As	**die Ass**
das Barometer	**der Baromädder**
das Fett	**die Fettn**
das Gehalt	**der Ghoidd**
das Gummi	**der Gummi**
das Maß	**die Mass** (1 Liter); das bairische Wort für den Maßstab ist das (!) Mååß (mit langem, dunklem „a“ gesprochen).
das Radio	**der Radio**
das Rollo	**der Rollo**
das Werkzeug	**der Werkzeug**
das Zamperl	**der Zàmperl** (kleiner Hund, Dackel)

An dieser Stelle sei auch noch erwähnt, dass der bestimmte Artikel im Bairischen häufiger verwendet wird als in der Schriftsprache, besonders gern vor Personennamen. Wenn man schriftdeutsch sagt „Hans kommt“ oder „Maria kommt“, dann heißt das auf Bairisch: „**Dà Hans kimmt**“ (Der Hans kommt) oder „**B’Màre kimmt**“ (Die Maria kommt). Hier weicht der Baier von seinem Grundsatz, sich die Sprache möglichst zu vereinfachen, ausnahmsweise einmal ab.

Das besitzanzeigende Fürwort

Damit ist gemeint: mein, dein, sein, ihr, unser, euer. Die **Gstudierten** sagen dazu Possessivpronomen.

Es ist gar nicht so einfach, diese Wörter richtig zu verwenden. Schon allein deshalb, weil man sie leicht verwechseln kann. Manche tun sich mit dem Auseinanderhalten von „mein“ und „dein“ besonders schwer. Dafür kann man sogar eingesperrt werden. Die Leute im Ruhrgebiet verwechseln oft „mir“ und „mich“. Sie sagen dann zum Beispiel: „Gib mich mal dat Messer!“

Schwierig ist auch männlich und weiblich zu unterscheiden, also „sein“ und „ihr“. Damit sind wir bei der bairischen Besonderheit: Die Baiern haben es sich nämlich einfach gemacht und früher schlicht und einfach nur eine Form, nämlich die männliche, verwendet. Ludwig Merkle bezeichnet sie deshalb in seiner „Bairischen Grammatik“ als „geschlechtslose Form“. Vor seiner Ausrottung durch den Duden sprach man in der Linguistik von einem generischen Maskulinum – nicht zu verwechseln mit einem energischen Maskulinum!

Den Besitz eines Apfels zeigte man im Bairischen so an: „**Des is àn Sepp sei Apfe.**“ (Das ist dem Sepp sein Apfel.) Und genauso sagte man: „**Des is dà Anne sei Apfe.**“ Also nicht: **Der Anne ihr Apfe.**

Nur wenn es zur Unterscheidung oder zur Betonung unbedingt notwendig war, dann hat der Baier auch das weibliche „ihr“ verwendet – aber nie allein. Dann hieß es nämlich: „**Des is ihrà sei Apfe.**“

Du oder Sie – der bairische Pluralis Majestatis

Der Pluralis Majestatis ist im deutschen Sprachraum eine spezielle Form der Mehrzahl (lat. „Plural der Hoheit“). Er wurde früher üblicherweise verwendet, um eine Person, meist einen Herrscher, als besonders mächtig oder würdig auszuzeichnen. Diese Personen sprachen über sich selbst nicht im Singular als „ich“, sondern im Plural als „wir“. Eine besondere Form dieses Pluralis Majestatis ist das Siezen, das sich in der deutschen Alltagssprache noch erhalten hat. Grammatikalisch handelt es sich dabei um das Personalpronomen in der dritten Person Plural (sie).

Vor allem der auf dem Land lebende Altbayer ist kein Freund des „Sie“. Auch völlig fremde Menschen wurden deshalb früher schon bei der ersten Begegnung geduzt. Zum Teil ist das heute noch so. Manchmal spürt der Baier aber intuitiv, dass das „Du“ nicht angemessen ist, zum Beispiel wenn der Gesprächspartner eine höhergestellte Persönlichkeit ist oder aus Respekt vor dessen Alter und Lebenserfahrung. Andererseits will er aber das ungeliebte „Sie“ auch nicht verwenden. In dieser Not greift er zu der speziell bairischen Form des Pluralis Majestatis: Er verwendet das Personalpronomen in der zweiten Person Plural (ihr). Und so könnte die erste Frage an einen Fremden – auch wenn es sich um eine einzelne Person handelt – lauten: „**Wo kemmts'n es her?**“ (Wo kommt ihr denn her?) Früher sagte man auf Bairisch **es**, statt des heute gängigen „ihr“.

Und so könnte es in dieser Konversation weitergehen: „**Es habts doch gwieß àn gscheitn Hunger.**“ (Ihr habt doch sicher einen Mordshunger.)

Dativ statt Genitiv bzw. Akkusativ und umgekehrt

Fast könnte man meinen, dass der Baier den Genitiv hasst. Anders als die Norddeutschen verwendet er ihn nämlich grundsätzlich nicht. Dem liegt aber keine wirkliche Abscheu zugrunde, vielmehr braucht der Baier den Genitiv einfach nicht. Wie schon das Präteritum verwendet er auch ihn nicht, sondern nimmt stattdessen den Dativ. So sagt er zum Beispiel:

àm Onkel sei Haus	das Haus des Onkels
statt seim Mantel	statt seines Mantels
wegà-r-àm Hund	wegen eines Hundes

Früher, auch bei meinen Eltern, wurde oft statt des Dativs der Akkusativ verwendet:

àn Onkel sei Haus	das Haus des Onkels
statt sein Mantel	statt seines Mantels
wegà-r-àn Hund	wegen eines Hundes

Überhaupt: Wenn dem Altbayern die Regeln des Standarddeutschen nicht gefallen, dann macht er sich einfach seine eigenen. Und so sucht er sich eben den Fall (Kasus) aus, der nach seinem Sprachgefühl am besten passt. Die Akkusativform „ihn“ in dem Satz „Ihn schau an!“ wird deshalb im Bairischen zum Dativ:

Eàm schaug o!
Ihm schau an! (Will sagen: Was der sich erlaubt!)

Umgekehrt ist es im nächsten Fall, der Begrüßung einer Person, mit der man „per Sie" ist: Statt des deutsch-grammatikalisch gebotenen „Ich grüße Sie" (Akkusativ), sagt der Baier:

Griàß Eànà. (Dativ)
(Wörtlich: Grüße Ihnen.)

Unhöflich wäre es, wenn der so Begrüßte entsprechend verdreht antworten würde: „Ich danke Sie."

Wenne, häde, dààde – der bairische Konjunktiv

Der Konjunktiv im Bairischen ist eine ausgesprochen schwierige Angelegenheit, schon allein deshalb, weil es verschiedene Formen davon gibt. Ich will mich hier auf den Konjunktiv Imperfekt beschränken, der für die bairische Sprache der wichtigste ist.

Um diese Form des Konjunktivs zu bilden, hängt man im Bairischen bei den meisten Verben ein „-ad" an: **i griàßàd** (ich grüßte), **i drågàd** (ich trüge), **wenn's rengàd** (wenn es regnete). In der Umgangssprache wird diese Form meistens mit dem Hilfsverb **dààt** (für „würde", wörtlich: „täte") gebildet.

Hieraus ergeben sich oft wohlklingende Sätze, die sich fast wie eine Melodie anhören, zum Beispiel bei der Frage, ob man ungünstig stünde, wo man sich gerade befindet, die selten schöner klingt als aus dem Mund des Kabarettisten Helmut Schleich:

Irritieràd i di då?
Würde ich dich hier irritieren?

Der nächste Satz, besser, die nächste Überlegung – auch aus der Schleich'schen Feder – stellt ebenfalls ein lautmalerisches Kunstwerk dar: Wenn die Fahrgäste des Münchner Verkehrsverbunds dessen Kosten in voller Höhe über die Ticketpreise bezahlen müssten, dann könnte sich das keiner mehr leisten, **so deier wuàràd à** (so teuer würde er).

Auch der nächste, sehr bekannte und weit verbreitete bairische Spruch ist ein Konjunktiv:

Då dààt à mà-r-àà stingà.
Da würde er mir auch stinken. (Darüber würde ich mich auch ärgern.)

Das Sprichwort „Wenn das Wörtchen wenn nicht wäre" formuliert der Baier mit einem wiederum fast singenden Konjunktiv:

Wenne, häde, dààde.
Wenn ich, hätte ich, täte ich.

Die Baiern, vor allem die Landbevölkerung, waren früher oft als recht grob und derb verschrien, sie konnten aber durchaus höflich auftreten. Dafür benutzten sie den Konjunktiv der Höflichkeit, der auch heute noch üblich ist.

Zum Beispiel sagt der bairische Maurer, wenn er auf die Baustelle kommt: **„Oiso, i wààr jetz då!"** (Also, ich wäre jetzt da.) Er könnte auch sagen **„I bin jetz då"**, wählt aber ganz bewusst den Konjunktiv **wààr** (wäre). Damit bringt er nicht nur seine Ankunft zum Ausdruck, sondern deutet darüber hinaus – höflich! – an: **„Vo mir aus kànnt mà jetz ofangà, wenn's eich recht wàr. Aber i wui's net pressant machà."** (Von mir aus könnten wir jetzt anfangen, wenn es euch recht wäre. Aber ich will keinen Druck machen.)

Will der höfliche Baier zu seiner Kellnerin im Wirtshaus besonders freundlich sein, sagt er zu ihr: **„Räse, i kriàgàd no à Bier."** (Resi, ich würde noch gerne ein Bier bestellen, aber nur, wenn es dir keine Umstände macht.)

Auch die nächste Geschichte enthält einen Konjunktiv, den man aber nicht auf Anhieb als solchen erkennt:

> Karl Valentin wollte ein Zimmer seiner Wohnung untervermieten und hatte einen entsprechenden Zettel an seiner Wohnungstür angebracht.
> Bald darauf klopft es an der Tür. Ein Student steht draußen und sagt: **„I dààt à Zimmer suàchà, aber des Ihre is anscheinend scho vergebn. Sie schreim då: Zimmer war zu vermieten."** (Ich würde ein Zimmer suchen, aber das Ihre ist anscheinend schon ver-

geben. Sie schreiben da: Zimmer war zu vermieten.)
Worauf der Karl Valentin kopfschüttelnd sagt: **„Nàà, des hoàßt doch net ‚Zimmer war zu vermieten', sondern ‚Zimmer wààr zu vermieten'. Es wäre zu vermieten, wenn's oànà mieten mächàd."** (... wenn es einer mieten wollen würde.)

Auch hier sieht man wieder, wie wichtig die Unterscheidung zwischen dem normalen „a" und dem hellen bairischen **à** ist.

Die Vorsilbe „der-" – kaum zum Derlernen

Eine bairische Spezialität, die es im Standarddeutschen nicht gibt, ist die Verwendung der Vorsilbe „der-" (gesprochen: **dà-**) bei einer Reihe von Verben. Die dadurch entstehenden Wörter kennen die Preußen nicht, ja, sie haben meistens nicht einmal ein eigenes schriftdeutsches Wort dafür. Die Übersetzung ins Schriftdeutsche erfordert daher oft aufwändige Umschreibungen. Hier einige Beispiele:

Wenn es einen Auffahrunfall gibt, dann meist deshalb, weil der Nachfahrende zu schnell und unaufmerksam unterwegs war und es deshalb nicht mehr **derbremst** hat. Wurde der Fahrer dabei schwer verletzt, so hat es ihn **derloàwet**. Wurde er dabei sogar getötet, dann hat's ihn **derbräselt**. War überhöhte Geschwindigkeit die Ursache für den tödlichen Unfall, dann hat sich der Fahrer **derrennt**.

Kommt jemand aus einer ungünstigen Situation nicht mehr heraus, dann **derkreit** (derkrallt) er's nicht mehr. Schafft er den Umschwung doch noch, dann hat er sich wieder **derfangt** (gefangen). Extrem hochpreisige Waren kann man nicht **derzahlen**, schlecht isolierte Räume kaum **derheizen**.

Wird der Herrgott um seine Hilfe bei einem besonderen Anliegen angerufen, so will man dieses Ziel **derbeten**. Wenn der Enkel trotz aller Bemühungen nur schlechte Noten nach Hause bringt und deshalb mit seinem Durchfallen zu rechnen ist, sagt man resignierend: **„I glààb, des derbätt d'Omà nimmà."** (Das wird sogar die Oma durch ihr inständiges und noch so häufiges Beten nicht mehr ändern können.)

Einer alten Volksweisheit zufolge kann man sich ein hohes Alter **derhuàsten** – wohl nach dem Motto: Wer lang hustet, der lebt lang.

Auf die Frage, was ein Sattelschlepper ist, antwortete ein Schüler: „**Des is à Cowboy, dem s' às Roß derschossen ham.**“ (Das ist ein Cowboy, dem sie das Pferd erschossen haben.)

Die Bayern freuen sich jedes Jahr auf die Fernsehübertragung des Starkbieranstichs auf dem Nockherberg, weil da die politische Prominenz **derbleckt** wird.

Und eines kann ich mir hier nicht verkneifen: Wenn neuerdings in den Nachrichten und Rundfunksendungen allerorten von Ärzten und Ärztinnen, Pflegern und Pflegerinnen, Kassierern und Kassiererinnen, Verkäufern und Verkäuferinnen, Lehrern und Lehrerinnen, Schülern und Schülerinnen die Rede ist, dann **derpack** ich das bald nicht mehr.

Bairisch – Sprache oder Dialekt?

Aufgrund der in den letzten Kapiteln dargestellten Besonderheiten drängt sich die immer wieder gestellte Frage auf, ob Bairisch „nur" ein Dialekt oder doch eine eigenständige Sprache ist. Letzteres würde bedeuten, dass Bairisch gleichwertig neben der deutschen Standardsprache steht und nicht dieser untergeordnet ist. Ich will mich der Sachlage über die jeweilige Definition der Begriffe „Sprache" und „Dialekt" nähern.

Dialekte (Mundarten) sind „regionale Varianten einer Sprache, die in einem bestimmten Gebiet gesprochen wird" (Duden) bzw. „örtliche Ausprägungen einer Sprache" (Wikipedia). Da Bairisch nur in Altbayern und benachbarten Regionen gesprochen wird, liegt insoweit eine „regionale Variante" bzw. eine „örtliche Ausprägung" der deutschen Sprache vor. Nach dieser Definition handelt es sich bei Bairisch eindeutig um einen Dialekt.

Eine eigenständige Sprache liegt nach herrschender Meinung der Linguistik insbesondere dann vor, wenn:

a) sie über einen eigenen Wortschatz, eine eigene Orthografie und eine eigene Grammatik verfügt.
b) es davon abgeleitete Dialekte gibt. Die „Sprache" in diesem Sinn kann man daher als „Dach" über den zugehörigen Dialekten bezeichnen.

Bairisch erfüllt zweifellos einige dieser Voraussetzungen: Es besitzt einen eigenen, über die deutsche Standardsprache hinausgehenden Wortschatz und eigene grammatikalische Regeln. Allerdings muss man zugeben, dass der Großteil des bairischen Wortschatzes und auch der Grammatik mit dem Standarddeutschen – abgesehen von der unterschiedlichen Aussprache – identisch ist. Eine eigenständige Orthografie fehlt dem Bairischen allerdings völlig. Es gab zwar durchaus Versuche, verbindliche Regeln für die bairische Rechtschreibung zu definieren, die aber durchweg an der Komplexität des bairischen Dialekts gescheitert sind. Bairisch ist eben ein rein akustisches Kulturgut und keine Schriftsprache.

Zur zweiten Voraussetzung für das Vorliegen einer eigenständigen Sprache, nämlich dass es vom Bairischen abgeleitete Dialekte gibt, muss man feststellen: Es existiert zwar eine ganze Reihe von bairischen Dialekten – die nord-, mittel- und südbairischen Mundarten –, diese stehen aber recht gleichwertig und eigenständig nebeneinander. Es gibt kein Bairisch, das als gemeinsames Dach dieser Dialekte fungieren würde.

Das Fazit ist also gemischt: Bairisch weist einige Merkmale einer eigenständigen Sprache auf, erfüllt aber nicht vollumfänglich alle Voraussetzungen. Geben wir uns damit zufrieden, dass Bairisch ein deutschsprachiger Dialekt ist. Wäre es anders, würden womöglich auch die Sprecher anderer deutscher Dialekte, also Fränkisch, Friesisch, Hessisch, Sächsisch usw., den gleichen herausragenden Status für sich beanspruchen. Und damit hätte Bairisch die angestrebte Sonderstellung wiederum nicht erreicht. Übrigens heißt auch das Hauptwerk des „Bairisch-Papstes" Prof. Dr. Zehetner „Lexikon der deutschen Sprache in Altbayern" und nicht „Lexikon der bairischen Sprache".

Auch wenn Bairisch keine eigenständige Sprache ist, so ist es natürlich trotzdem eine Sprache. Sprache an sich ist nämlich jede Form der mündlichen Kommunikation unter Menschen. Wenn gelegentlich – auch in diesem Buch – von der bairischen „Sprache" die Rede ist, so bedeutet das nichts anderes, als dass Baiern bairisch „sprechen". Eine Aussage darüber, dass es sich bei Bairisch um eine eigenständige Sprache handelt, wird damit nicht getroffen.

Als die UNESCO Bairisch auf die Liste der gefährdeten Sprachen (!) gesetzt hat, wird sich dort kaum jemand tiefschürfende Gedanken über den Unterschied zwischen Sprache und Dialekt gemacht haben. Mit dem Begriff „Sprache" ist hier und auch generell „das gesprochene Wort" im Gegensatz zum „geschriebenen Wort" gemeint.

Wir Baiern sollten selbstbewusst akzeptieren, dass Bairisch ein

Dialekt und als solcher keiner einzigen „eigenständigen Sprache“ unterlegen ist. Auch wenn man Schriftdeutsch als „Hochdeutsch“ bezeichnet, sagt das nämlich überhaupt nichts darüber aus, welches von den beiden höherwertig ist.

Für mich ist selbstverständlich der bairische Dialekt schon auf Grund seines Wohlklangs, seiner Bildhaftigkeit, seiner Individualität und seiner Einmaligkeit wertvoller als die konturenarme, amorphe, abgeschliffene und durch den Duden pedantisch reglementierte deutsche Standardsprache. Und deshalb müssen wir alles tun, um ihn zu pflegen und zu erhalten, unseren schönen bairischen Dialekt.

Anglizismen – Fazit und Ausblick

Mit diesem Buch wollte ich zunächst zeigen, woher der bairische Dialekt kommt und welche anderen Sprachen und Kulturen ihn über viele Jahrhunderte beeinflusst haben, ohne seinen ureigenen Wesensgehalt bis zur Mitte des 20. Jahrhunderts zu verändern. Ausführlich wurde anschließend die seither festzustellende Verdrängung der bairischen Sprache durch norddeutsche Zuwanderer dargestellt. Durch die Gegenüberstellung der deutschen Standardsprache und des bairischen Dialekts wollte ich dessen Besonderheiten aufzeigen, und dass es jammerschade wäre, wenn diese wunderbare Sprache noch weiter zurückgedrängt würde.

Zum Schluss will ich noch einen Blick in die Gegenwart und darüber hinaus in die Zukunft werfen. Inzwischen wird nämlich nicht nur der bairische Dialekt, sondern auch schon die deutsche Schriftsprache landesweit von einer anderen Entwicklung bedroht, nämlich der Anglisierung, also dem sukzessiven Einzug der englischen Sprache in unseren Alltag. Es ist sicher gut, wenn heute jeder bayerische Schüler Englisch lernt. Aber wer diese Sprache kann, will sie natürlich auch anwenden. Und so werden die von den Medien ständig neu aufgegriffenen Anglizismen bereitwillig übernommen. Seit Einführung des Internets und der Mobiltelefone hat sich diese Entwicklung enorm beschleunigt. An vorderster Front sind dabei die „Sozialen Netzwerke" zu nennen. Für alles, was damit in Verbindung steht, gibt es nur noch englische Bezeichnungen:

Als **Hardware** benötigt man ein **Handy** bzw. **Smartphone** (bairisch: **Wischkàsterl**; hat sich leider nicht durchgesetzt), einen **Personal Computer** (PC), ein **Tablet**, ein **Notebook** oder einen **Laptop.** Die **Software** nannte man früher noch Programme, heute gibt es ausschließlich **Apps.** Mit dem Handy kann man

simsen, **e-mailen** oder **appen**. Man kann damit auch fotografieren (deutsches Wort!). Fotografiert man sich selbst, nennt man das **Selfie**. Das wissen aber nicht alle. Ich habe kürzlich ein Pärchen beobachtet, bei dem sie ihn bat: „Stell dich da hin, ich will ein Selfie von dir machen!"

In den Firmen berät man sich nicht mehr, sondern man macht ein **Brainstorming**. Kommt man damit zu keiner Lösung, setzt man eine **Taskforce** ein. Um sich im Internet Informationen zu beschaffen, muss man dort **surfen**, der Großcomputer, den man dazu im Hintergrund braucht, heißt aber nicht **Surfer**, sondern **Server**. Auch in der Freizeit kommt man von der Elektronik nicht los und kauft sich zum Spielen eine **Playstation**, besucht ein **Public Viewing** (im Englischen übrigens der letzte Blick, den die Trauernden bei geöffnetem Sarg auf den Verstorbenen werfen) oder kauft sich zum Wandern eine **Body Bag** (was im Englischen wörtlich „Leichentasche" bedeutet, womit aber bei uns ein Sportrucksack gemeint sein soll). Wenn einem das dann doch irgendwann alles zu viel wird, könnte man sich einfach entspannen, aber auch das heißt inzwischen anders, nämlich **chillen**. Sportgeräte heißen **Rackets** statt Tennisschläger oder **E-Bike** statt Elektrofahrrad. Kürzlich hörte ich etwas von der Sportart Stehpaddeln. Wer sich auskennt, sagt dazu **Stand-Up-Paddling**.

Sehr schnell waren zum Beispiel auch bei der Corona-Pandemie neue Anglizismen in der Welt. Wo ein **Superspreader** auftrat, war sofort ein **Hotspot** festzustellen. Viele Arbeitnehmer machten **Home-Office.** Die Schüler durften nicht mehr in die Schule gehen, sie machten **Home-Schooling**. Hierbei hat sich **E-Learning** sehr bewährt. Die Empfehlung, zu den Mitmenschen auf einen räumlichen Abstand zu achten, nennt man seitdem **Social Distancing.** Statt Ausgehsperre hieß es **Lockdown**. Um im Text Wiederholungen zu vermeiden, kann man auch **Shutdown** schreiben. Aber englisch muss es sein! Um die Impfung zu verstärken, wird **geboostert**. Merkwürdigerweise hat das wichtigste Corona-Utensil keine englische Bezeichnung erhalten: der Mund-Nasen-Schutz bzw. die Maske. Hier hat sich der „Förderverein Bairische Sprache und Dialekte" gleich zwei bairische Spezialitäten einfallen lassen: **Riàssl-Gàmàschn** (Rüsselgamasche) und **Schnåwe-Hådern** (Schnabelhadern). Zugegeben etwas derb;

vielleicht liegt es daran, dass diese Bezeichnungen keine größere Verbreitung gefunden haben.

Besonders extrem ist es inzwischen bei Modeartikeln. Ein kurzärmeliges, kragenloses Hemd heißt schon länger **T-Shirt**, mit einem Nike-Logo drauf heißt es jetzt **Swoosh-Tee.** Ist ein Sportpullover (**Sweatshirt**) mit einer Kapuze verbunden, nennt man ihn **Hoodie**; als ich das Wort zum ersten Mal hörte, dachte ich, das sei ein kleiner Hut. Ob ein **Full-Zip-Hoodie** ein Vollpfosten-Pulli ist, dessen Bezeichnung etwas über seinen Produzenten oder seinen Träger aussagt, konnte ich nicht klären. Auch weshalb bestimmte Hosen **Woven-Pants** heißen, bleibt offen, weil doch – mit Ausnahme der Lederhosen – alle Hosen gewebt (englisch: *woven*) sind.

Hosen aus robustem blauem Baumwollstoff waren ursprünglich mit Nieten versehen und hießen Nietenhosen, sehr bald aber auf Grund ihrer amerikanischen Herkunft **Jeans** bzw. wegen ihrer blauen Farbe **Blue Jeans**. Inzwischen gibt es davon eine Vielzahl von Sonderformen mit jeweils eigenen, natürlich englischen Bezeichnungen, von denen ich nur die weit geschnittene, tief sitzende **Baggy-Jeans** besonders erwähnen will, weil es dafür die schöne bairische Bezeichnung **Hosenscheißerhosn** gibt. Textilien ähnlich denen, die wir früher in die Altkleidersammlung oder gar in die Mülltonne gegeben hätten, bekommen heute englische Attribute und können dadurch besonders teuer verkauft werden: **stone washed** (mit Steinen gewaschen), **moon washed** (fleckig wie der Mond?) oder **mouth washed** (mit Mundwasser gewaschen?). Allen diesen so bezeichneten Herstellungsarten gemein ist, die Produkte schon beim Kauf gebraucht aussehen zu lassen (**used-look**). Die nächste Kreation könnte **not washed** werden.

Inzwischen kann man auch industriell zerfetzte oder verschmutzte Jeans für teures Geld kaufen, mit denen mich meine Mutter nicht einmal zum Mörtel Rühren unter die Leute hätte gehen lassen. Hat man zur Zeit der Einführung des Internets nach „Hose mit Rissen“ gesucht, erhielt man als Treffer eine Anleitung, wie man zerrissene Hosen wieder zusammenflickt. Heute bekommt man eine lange Liste von Angeboten für neue Jeans, die bereits Risse und Löcher haben. Und natürlich gibt es dafür einen englischen Fachausdruck: **destroyed Jeans**.

Wenn Sie sich einmal etwas ganz Besonderes gönnen wollen, kaufen Sie sich doch einen **Dunk Low Retro Grey Fog**. Nein, das ist weder ein Nebel noch ein Schleier, das ist ein Herren-Sportschuh. Der muss Ihnen schon wegen seines schönen Namens 290 Euro wert sein.

Diese „englische Krankheit“ macht inzwischen nicht einmal vor banalsten Alltagswaren Halt. Kürzlich wollte ich Streusalz kaufen, es gab aber nur **deicing salt**.

Die Jugend kennt manche alten bairischen Vornamen nicht mehr bzw. hält sie für englisch: Die Kurzform für den weiblichen Vornamen Franziska lautet in Baiern **Fanni**. Auch Pferde erhielten oft diesen Namen. Ich staunte nicht schlecht, als ich kürzlich einen Zeitungsbericht einer jungen Journalistin las, die das von ihr beschriebene Pferd **Funny** (englisch für „lustig“) nannte. Vielleicht war es aber auch ein besonders amüsantes Pferd.

Ganz besonders ärgert mich, wenn sich die übertriebene Neigung zu Anglizismen zu allem Überfluss mit dem aktuell so hochgehangenen Gendern verbindet, wie zum Beispiel im Wort **Gender-Budgeting**. Das bedeutet, dass man in öffentlichen Haushaltsplänen darauf achten muss, dass kein Geschlecht bei der Verteilung der Haushaltsmittel benachteiligt wird – also gleich viel Geld für Männer und Frauen. Da kann ich in der gebotenen bairischen Kürze nur noch sagen: **„Geht's no?“**

Bevor jetzt einer schreit **„Shut up!“** (Halt's Maul!) will ich lieber aufhören. Dieses Thema ist nämlich uferlos – man könnte damit inzwischen sicher schon ein eigenes Buch füllen – und leider auch aussichtslos.

Eine Geschichte, die zeigt, dass man sich auch heute nicht nur aufs Englisch Lernen konzentrieren sollte, will ich aber noch anschließen:

> Ein Münchner steht auf einer Isarbrücke und sieht, wie der wilde Fluss einen Mann mitreißt, der mit den Armen fuchtelt und *„Help, help, help!“* schreit. Der Münchner ruft ihm zu: **„Hättst liàwà 's Schwimmà glernt statt Englisch.“** (Du hättest besser Schwimmen lernen sollen statt Englisch.)

Trotz der bedenklichen bis bedrohlichen Auswirkungen des Schriftdeutschen und des Englischen auf den bairischen Dialekt kann man optimistisch konstatieren: Mit zunehmender Entfernung von den großen Städten gibt es nach wie vor junge Dialektsprecher. Wir sterben nicht aus, wir wachsen sogar nach, und das in ganz hoffnungsfroher Zahl. Es wird eine wichtige Aufgabe der bairischsprachigen Eltern sein, den schönen Dialekt weiter in Ehren zu halten, zu pflegen und vor allem mit ihren Kindern auch Bairisch zu reden.

Schließen will ich nun mit einem Gstànzl vom Roider Jackl:

I wer' wieder aufhörn mi'm Singà,
weil z'lang is's net schee.
Net, dass zum Schluss oàner sagt:
„Der derfàt àà wieder geh."
Ich werde wieder aufhören mit dem Singen,
denn zu lange ist es nicht schön.
Nicht, dass am Ende einer sagt:
„Der dürfte auch wieder gehen."

Bleibts gsund! Und redts Boàrisch!

Quellenverzeichnis

Fendl, Josef: Josef Fendls sprachlicher Firlefanz, 2. Aufl., Dachau 1998.

Ders.: Bauernseufzer, 2. Aufl., Dachau 2006.

Ders.: O du heiliger Strohsack ...!, Dachau 2012.

Grewendorf, Günther: Warum Bairisch genial ist, München 2021.

Härdl, Adam: Lateinische Überreste im bairischen Dialekt, Ingolstadt 1987.

Huber, Gerald: Hubers bairische Wortkunde, 2. Aufl., München 2013.

Hubensteiner, Benno: Bayerische Geschichte, 5. Aufl., München 1967.

Kaspar, Peter: Bairisches Kompendium, Regensburg 2017.

McCormack, R.W.B.: Tief in Bayern, München 2002.

Merkle, Ludwig: Bairische Grammatik, 2. Aufl., München 1984.

Ders.: Breißn dratzn oder: Bairisch für Zugereiste, 9. Aufl., Augsburg 1985.

Münzinger, Horst: Auf den Spuren der bairischen Sprache, München 2016.

Osman, Nabil: Kleines Lexikon deutscher Wörter arabischer Herkunft, 8. Aufl., München 2010.

Queri, Georg: Kraftbayrisch, München 1981.

Ders.: Das Georg Queri-Buch, Bamberg 1953.

Ringseis, Franz: Bayerisches Wörterbuch, Neuauflage, 3. Aufl., Dachau 2009.

Rottmeir, Johann: A Hund bist fei scho, 1. Aufl., München 2015.

Ders.: Bazi, Blunzn, Breznsoizer, München 2015.

Ders.: Jetz gherst da Katz!, München 2016.

Schmeller, Johann Andreas: Bayerisches Wörterbuch, München 2008.

Schmid, Hans Ulrich: Bairisch – Das Wichtigste in Kürze, München 2012.

Stadlbauer, Alfred Anton: Ergänzte Anmerkungen, ein Supplement zu Georg Queri: Kraftbayrisch, Jahrbuch der Johann-Andreas-Schmeller-Gesellschaft 2005 bis 2007, Bayreuth 2006.

Thoma, Ludwig: Erster Klasse, Bauernschwank in einem Akt, München 1968.

Wanninger, Franziska und **Frank,** Martin: Der famose Freistaat, 2. Aufl., Hamburg 2020.

Weiß, Ferdl: Bayerische Schmankerln, München 1978.

Zehetner, Ludwig: Bairisches Deutsch – Lexikon der deutschen Sprache in Altbayern, 4. Aufl., Regensburg 2014.

Ders.: Basst scho!, Band 2 u. 3, Regensburg 2010 u. 2011.

Ders.: Wert und Ehre des Bairischen, Regensburg 2020.

Weitere Quellen waren Wikipedia, die Altbayerische Heimatpost, der Münchner Merkur, die Zeitschrift MUH sowie verschiedene Auftritte bayerischer Kabarettisten in Funk, Fernsehen und auf Kleinkunstbühnen.

Dank

Wertvoll für meine Arbeit waren die im Quellenverzeichnis aufgeführten Werke verschiedener Autoren, allen voran das „Lexikon der deutschen Sprache in Altbayern“ von Prof. Dr. Ludwig Zehetner und „Lateinische Überreste im bairischen Dialekt“ von Adam Härdl. Danken möchte ich all diesen Autoren, aber auch allen Freunden, Verwandten und Bekannten, die mit ihren Informationen einen Beitrag zu diesem Buch geleistet haben. Besonders hervorheben will ich die angenehme und fruchtbare Zusammenarbeit mit meiner Lektorin, Martina Dolhaniuk, meinem Schulfreund Alfred Anton Stadlbauer, einem Spezialisten für bairische Literatur und alles Bairische überhaupt, und seiner Partnerin Jeannette Strixner. Ihnen sage ich für viele wertvolle Ratschläge und die kompetente Lektorierung ein ganz besonders herzliches „Vergelt’s Gott“.